Pirmasens d. 8. Sep

CARL AUGUST
von Sachsen-Weimar-Eisenach

Jochen Klauß

CARL AUGUST

VON SACHSEN-WEIMAR-EISENACH

FÜRST UND MENSCH

Sieben Versuche
einer Annäherung

KLASSIKERSTÄTTEN
ZU WEIMAR

Einband vorn: Carl-August-Denkmal von A. Donndorf 1875

Einband hinten: Großherzogliches Gesamtwappen des Hauses Sachsen-Weimar-Eisenach

Frontispiz: Carl August, Öl a. L., Kopie nach J. F. A. Tischbein von G. M. Kraus, 1796/97

Vorsatz: Brief des Herzogs Carl August an Goethe, eigenhändig

Carl August an Goethe   *Pirmasens d. 8. September 93*

*Die Schreckenspost von meines Bruders Tode überschreibe ich dir an seinen
Geburthstag; gehe gleich zu meiner Frau welche dir das Detail davon sagen wird,
u. besprich dich mit ihr, wie die Pille der unglückl. Mutter des Verstorbenen beyzu-
bringen ist. Bitte die Gores von meinetwegen alles mögl. beyzutragen um meine
arme Mutter zu trösten u. zu stärcken. Wenn es irgend mögl. ist, so komme ich
vieleicht selbst auf ein paar Tage nach Hause. Sage aber nichts hievon. Meine Frau
soll mich mit einer Estaffette benachrichtigen wie die Sachen bey uns stehn,
schreibe da mit. Deinen Brief habe ich erhalten, ich werde dir gelegentl. darauf
antworten; ich bin von den Herum rennen u. der Besorgung der Geschäfte welche
der Tod meines Bruders verursacht, durch das Schrecken, u. die Betrübniß so
gehetzt daß ich nicht weiß wo mir der Kopf steht, zumahl da ich hier gantz allein ohne
Secretair u. nichts auf Uhrlaub beym Herzoge bin.
Leb wohl.*   *C. A.*
Spanne alles an um meine Mutter zu unterstützen.

Herzlichen Dank für vielfältige Unterstützung
schuldet der Autor seinen Mitarbeitern Luba Bens und Lothar Pusch

ISBN 3-7443-0076-5

© 1991 Klassikerstätten zu Weimar · Stiftung Weimarer Klassik

Reproduktionen: Sigrid Geske · Redaktion: Reiner Schlichting
Gestaltung: Witolf Röth · Lithos: EGLITHO Erfurt
Satz, Druck und buchbinderische Verarbeitung: Weimardruck GmbH, Weimar

Inhalt

Vorwort

Fürst und Mensch sind zwei Begriffe, die einander nicht ausschließen – dafür steht Carl August. Das Weimarer Genietreiben in den siebziger und frühen achtziger Jahren des 18. Jahrhunderts war ebenso Teil seines Wesens, wie die Neigung zur Kunst und zur Wissenschaft, zum Militärwesen und zur Jagd. Fürstliches Selbstgefühl – gepaart mit sozialer Empfindsamkeit – machte aus dem willensstarken und wagemutigen jungen Fürsten einen gemütvollen Landesvater in späteren Jahren.

Sein weitgefächertes Mäzenatentum – die Förderung von Kunst und Wissenschaft, der Ausbau der Universitäten und des Theaters, die Errichtung von Bibliotheken und Schulen – diente den Menschen zur Erbauung und dem Lande zu Ehren. Carl August's Verdienst ist es, Weimar zum geistigen und kulturellen Mittelpunkt Europas gemacht zu haben.

Die Erkenntnis, daß das Genie Goethe's, welches das deutsche Geistesleben zu europäischer Bedeutung führte, leuchten konnte nur vor dem menschlichen und fürstlichen Hintergrund, den Carl August bildete, ist heute fast in Vergessenheit geraten. Das sogenannte klassische Zeitalter Weimar's kann nur als das Produkt einer Freundschaft zweier großer Menschen richtig verstanden werden: Ohne die gestaltende, fördernde Kraft von Carl August, ohne den ständigen – und auch fordernden Dialog, den er mit seinem großen Freund pflegte und dessen Auswirkungen heute noch als großes Geschenk zweier Menschen an die Nachwelt verstanden werden muß, wäre auch die Nachkriegszeit schwerer für uns geworden: Hieß es nicht im Ausland:»Ein Volk, das Goethe und Schiller hervorbringen kann, kann nicht von Grund auf schlecht sein«.

Jochen Klauß gebührt Dank für den gelungenen Versuch, einen deutschen Fürsten, ich möchte beinahe sagen beispielhaft, mit allen seinen Facetten, Stärken und Schwächen zu schildern und damit aus der intellektuellen Verbannung der vergangenen Jahrzehnte zu befreien.

Als gebildeter Fürst schlug Carl August im Zeitalter des Absolutismus eine Brücke zwischen Feudalismus und aufgeklärtem Bürgertum. Heute gilt es in eben diesem deutschen Land Wege zu finden aus einer durch kommunistische Dogmen geprägten Welt zu aufgeklärtem, mündigem Staatsbürgertum. Möge in der heutigen Zeit der oft zu beobachtenden Politikverdrossenheit ein Funke überschlagen aus jener historischen Epoche, als Sachsen-Weimar-Eisenach eine Wiege geistiger und politischer Evolution war und einen wichtigen Markstein bildete auf dem Weg zu einer moderneren Staatsverfassung in deutschen Landen.

Michael Prinz von Sachsen-Weimar und Eisenach

Im Februar 1992

7

Von Wettin nach Weimar, von Conrad zu Carl August
(1089-1757)

Die Vorfahren des Fürstenhauses der Wettiner, dem Carl August von Sachsen-Weimar-Eisenach entstammte, verlieren sich im geschichtlichen Dämmer der Zeit der Sachsenkriege Karls des Großen und der Abwehr der Ungarneinfälle unter Heinrich I. und Otto I. im 9./10. Jahrhundert. Festzustehen scheint, daß die Wurzeln des späteren mitteldeutschen Herrschergeschlechtes im Schwabengau gelegen haben, an der Grenze von Thüringen und Franken. Der Name »Wettin« dagegen ist dem gleichnamigen, ehemals slawischen Orte im Halleschen Saalkreis entlehnt, wo mit Burg »Winkel« auch der Stammsitz des Geschlechts lag. Wettiner Abkömmlinge tauchen im 10. und 11. Jahrhundert im Umfeld der Könige Otto II. und Heinrich IV. auf; sie waren mit verwickelt in die Macht- und Territorialkämpfe an der östlichen Peripherie des deutschen Reiches.[1] Zu Beginn des 12. Jahrhunderts sicherte Conrad der Große von Wettin seiner Familie den Besitz der Markgrafschaft Meißen, die 1136 als erbliches Lehen Kaiser Heinrichs IV. an die Wettiner Grafen kam. Mit diesem Jahr begann ihr Aufstieg zur Macht, da die Markgrafschaft Meißen aufgrund ihrer strategischen Lage an der Elbe sowie ihrer reichen Bodenschätze und infolge der territorialen Entwicklung des Reichs wachsende politische und wirtschaftliche Bedeutung erlangte.

Conrad der Große, dessen Sohn Otto und Enkel Heinrich erweiterten die Besitzungen erheblich, legten den Grund für die spätere Handelsmetropole Leipzig und beförderten die Kolonisierung ihrer meißnischen und der thüringischen Lande, die 1263, nach dem Tode des Landgrafen Heinrich Raspe, als Erbe an die Wettiner fielen. Der Silberreichtum des Landes ermöglichte es, weitere Gebiete zu erwerben. Militärische Auseinandersetzungen sowie Erbschaftsstreitigkeiten führten zeitweilig zu einer Schwächung der Wettiner, die den Erhalt ihrer Hausmacht nur mehrmaliger Fürsprache Kaiser Friedrichs I. verdankten. Das 13. Jahrhundert sah die Meißner Markgrafen in langjährige Kämpfe mit Kaiser Heinrich VI. verwickelt, der sich sogar kurzzeitig der reichen erzgebirgischen Silbervorkommen bemächtigte. Fehden mit dem Erzbischof von Magdeburg, mit dem Bischof von Merseburg, wechselweise mit den Hohenstaufen und Welfen, schließlich auch mit den Bürgern Leipzigs erschütterten das Landesregime erheblich; erst durch den Markgrafen Heinrich, der mehr als ein halbes Jahrhundert herrschte, wurde diese Verfallsperiode beendet. Durch die Belehnung mit Thüringen stieg der Markgraf zu einem der mächtigsten Fürsten des deutschen Reiches auf. Der Bergbau blühte,

Friedrich der Weise, Öl a. L.
von unbekannt, 16. Jh.

neue Städte entstanden, die Handwerkskunst entwickelte und verbreitete sich, Handel und Wandel florierten, und die beiden Leipziger Messen zu Ostern und Johanni wurden allmählich zu Anziehungspunkten für Kaufleute des gesamten Reiches.

Der Ausgang des 13. und das beginnende 14. Jahrhundert brachten durch fortwährende Erbteilung und daraus resultierende blutige Familienkämpfe unruhige Zeiten und häufige Besitzwechsel für Meißen und Thüringen. Den Markgrafen Friedrich II. und Friedrich III. gelang es dann im Laufe des 14. Jahrhunderts, eine weitgehende Zentralisierung und Straffung ihrer Macht zu erreichen.

Militärische Erfolge der Wettiner gegen den böhmischen König Wenzel sowie gegen die Hussiten bewogen Kaiser Sigismund, den Markgrafen von Meißen in den Stand eines Kurfürsten zu erheben. Mit dem Tode des letzten Sprosses aus dem anhaltischen Fürstengeschlecht der Askanier, des kinderlosen Herzogs Albrecht III., fiel zudem im Jahre 1423 das Herzogtum Sachsen an das wettinische Haus. Damit hatte Friedrich I., der erste Kurfürst von Sachsen, eine Machtfülle erreicht, die ihn an die Seite der größten deutschen Feudalfürsten führte. Er war der Stifter der Leipziger Universität, die 1409 ins Leben gerufen wurde.

Johann der Beständige, Öl a. L.
von unbekannt, 16. Jh.

Die Hussitenkriege, der Bruderkrieg zwischen den Söhnen Friedrichs I., der Altenburger Prinzenraub sowie schließlich die große Landesteilung unter den beiden Enkeln Friedrichs I. bestimmten die Geschichte des Kurfürstentums Sachsen im 15. Jahrhundert. Am 26. August 1485 ging in Leipzig die Erbteilung zwischen den Brüdern Ernst und Albrecht vonstatten, unter Bruch der Bestimmungen der Goldenen Bulle Kaiser Karls IV. von 1356, die u.a. die Teilung von kurfürstlichen Landen untersagte. Ernst, der ältere Bruder, teilte, Albrecht, der jüngere, wählte; damit entstanden die Albertinische und die Ernestinische Linie des Hauses Wettin.

Herzog Albrecht behielt Meißen mit einigen kleineren Besitzungen sowie die Hälfte des Osterlandes; Ernst bekam die Kurwürde, Thüringen, den Rest des Osterlandes mit Altenburg und Eisenberg sowie einige Restgebiete. Beiden zu gleichen Anteilen blieb das Bergregal an den Silbergruben des Erzgebirges, was die gemeinschaftliche Prägung und Ausgabe sächsischer Silbertaler ermöglichte.

Nach dem Tode des Kurfürsten Ernst übernahm sein Sohn Friedrich, der später den Beinamen »der Weise« erhielt, die Herrschaft der Ernestinischen Lande, sein Bruder Johann stand ihm als Mitregierender zur Seite. Friedrichs des Weisen Lebens- und Regierungszeit fiel mit bedeutsamen globalen und europäischen

11

Ereignissen zusammen: Amerika wurde entdeckt, die Welt umsegelt, der Buchdruck verbreitete sich. Die päpstliche Weltherrschaft und das kirchliche Weltbild erzitterten unter den mächtigen Schlägen der Reformation. Martin Luther lehnte es auf dem Reichstag zu Worms ab, seine Schriften zu widerrufen, und forderte dadurch die Acht von Kaiser und Reich heraus; in dieser Situation war es Sachsens Kurfürst Friedrich, der den lebensbedrohten Reformator in die Sicherheit der Eisenacher Wartburg verbringen ließ. Hier entstand der wichtigste Teil des meistgelesenen deutschsprachigen Buches: die Übersetzung des Neuen Testaments. Der Wettiner Friedrich führte viermal – 1493, 1496, 1507 und 1519 – das Reichsvikariat, lehnte aber dennoch nach Kaiser Maximilians Tod 1519 die ihm angetragene Kaiserwürde ab. Im Mai 1525, während die blutigen Ereignisse des Bauernkrieges über Deutschland hinweggingen, starb Friedrich, und sein Bruder Johann der Beständige trat seine Nachfolge an. Er war einer der Führer des Schmalkaldischen Bundes, in dem sich die protestantischen Reichsfürsten gegen die papsttreuen Stände und den Kaiser vereinigt hatten. Johann Friedrich den Groß-mütigen, Johanns Sohn, traf das bittere Los, im sogenannten Schmalkaldischen Krieg am 24. April 1547 in der Lochauer Heide unweit von Mühlberg seinem auf

Wilhelm Ernst,
Kupferstich von unbekannt, 18. Jh.

kaiserlicher Seite fechtenden albertinischen Vetter Moritz zu unterliegen und in Gefangenschaft des katholischen Wiener Hofes zu geraten. In der Wittenberger Kapitulation mußte der Ernestiner die Kurwürde zugunsten der Albertiner abtreten; er verlor ausgedehnte Ländereien und die 1502 von Friedrich dem Weisen gegründete Landesuniversität Wittenberg, weshalb von seinen Söhnen für die verbliebenen Landesteile 1558 eine neue Hohe Schule in Jena gestiftet wurde. 1554 starb Johann Friedrich als »geborener Kurfürst«; er war der letzte Reichswürdenträger dieses Ranges aus der Ernestinischen Linie. Seine Residenz hatte er nach der Freilassung aus kaiserlicher Haft in Weimar aufgeschlagen, wohin ihm auch sein Hofmaler Lucas Cranach d. Ä. gefolgt war.

Im letzten Drittel des 16. Jahrhunderts begann eine hundertfünfzigjährige Periode unseliger Landesteilungen mit fortwährenden Gebietszerstückelungen, weil die Primogenitur, das Erstgeburtsrecht im fürstlichen Erbgang, nicht durchgesetzt werden konnte; Thüringen wurde das klassische Gebiet kleinstaatlicher deutscher Zersplitterung. Unter den ernestinischen Landesherren des 17. Jahrhunderts ragen nur wenige heraus: Herzog Johann Ernst zeichnete sich durch Gelehrsamkeit und philologische Interessen aus; er gründete 1617 in Weimar zur

Ernst August II. Constantin,
Öl a. L. von J. F. Löber 1757

Anna Amalia, Öl a. L.,
Kopie nach J. G. Ziesenis
von J. B. Larius, nach 1800

Fortbildung und Reinhaltung der deutschen Sprache den »Palmenorden« oder die »Fruchtbringende Gesellschaft«. Sein Nachfolger, Herzog Wilhelm IV., erhielt 1640 nach einer weiteren Erbteilung das Amt Weimar und wurde damit zum Stammvater des Herzogtums Sachsen-Weimar. Er war einer der streitbaren Feldherren des Dreißigjährigen Krieges, wurde an militärischem Ruhm aber noch weit übertroffen von seinem Bruder Bernhard, der nach dem Tode des Schwedenkönigs Gustav Adolf in der Schlacht bei Lützen am 6. November 1632 den Oberbefehl übernahm und den Sieg über Wallenstein erfocht.

Über Johann Ernst II., Wilhelm Ernst, einen bauwütigen und herrschsüchtigen Despoten, und Ernst August I. führt die genealogische Linie der Weimarer Fürsten weiter zu dem kränklichen und schwächlichen Herzog Ernst August II. Constantin, der 1756 die Tochter des braunschweigischen Herzogs Karl Wilhelm Ferdinand, Anna Amalia, ehelichte. Als der Weimarer Herzog 1758 im Alter von 21 Jahren starb, hinterließ er eine achtzehnjährige Witwe in Umständen und einen Sohn: den Erbprinzen Carl August. Ab 1759 führte Anna Amalia die vormundschaftliche Regentschaft des Ländchens, das seit 1741 die Landesteile Sachsen-Weimar und Eisenach umfaßte.[2] Am 3. September 1775, seinem 18. Geburtstag, übernahm der

15

nunmehr volljährige Herzog Carl August die Herrschaft. In ihm hatte die Weimarer Linie des ernestinischen Fürstengeschlechtes die herausragende Persönlichkeit der Jahrzehnte um die Wende vom 18. zum 19. Jahrhundert hervorgebracht.

Carl August (1757-1828)

Etwa anderthalb Jahrhunderte sind verflossen, seitdem der »Herzog zu Weimar« von der Bühne irdischen Geschehens abgetreten ist. Während der Thüringer Volksmund noch im vorigen Jahrhundert so manchen Charakterzug des ungewöhnlichen Fürsten aufbewahrt und weitergetragen hat, ist heutigentags auch diese Quelle so gut wie versiegt. Sein Bild verschwamm in anonymer Unschärfe, zumal einer verklärenden und allzuoft schönenden Hofhistoriografie der Vergangenheit eine ebenso blickverkürzende und geschichtseinengende Optik der Gegenwart folgte. Adolf Donndorfs antik gewandeter Carl August auf dem Weimarer »Platz der Demokratie« ist das erzene Abbild eines Mannes, dessen Name zwar bei vielen Stadtführungen maßvoll gerühmt, noch öfter genannt wird, dessen Persönlichkeit und Charakter jedoch vom Mantel der Vergessenheit überdeckt sind.

Carl August war zweifellos ein ungewöhnlicher Mensch. Es ist reizvoll und lohnend, den Blick auf den Weimarer Landesherren jener Jahre und Jahrzehnte zu lenken, die wahrlich nicht nur durch Goethes und Schillers literarisches Wirken, sondern mehr noch durch weltverändernde Revolutionen und blutige Kriege, durch gravierende Entdeckungen und wissenschaftliche Glanztaten geprägt waren. In diesem Herzog spiegelte sich der Zeitgeist mit all seiner Widersprüchlichkeit. Und er stand – Urbild eines gemütvollen »Landesvaters« – gleichzeitig in hohem Ansehen bei den einfachen Menschen seines Ländchens, was mitnichten bedeutete, daß er sein aristokratisches Gottesgnadentum, sein fürstliches Selbstgefühl auch nur in Ansätzen in Frage gestellt hätte. Biedere Menschenfreundlichkeit, gutwillige Bärbeißigkeit, schlagfertiger Witz und der fast ärmliche Habitus – abgetragene grüne Pekesche und große Schirmmütze – prägten das öffentliche Bild des zuletzt etwas korpulenten, von Hunden begleiteten, zigarrenrauchenden Großherzogs. Menschenkenntnis, ausgeprägter Sinn für geradlinige Strebsamkeit und mannhafte Tüchtigkeit, vor allem aber sein Einsatz für das öffentliche Wohl waren der Born der zahlreichen Anekdoten und Episoden aus dem Umkreis dieses Herrschers des endenden 18. und beginnenden 19. Jahrhunderts.

16

Mehr als 200 ikonografische Dokumente – Gemälde, Zeichnungen, Kupferstiche, Scherenschnitte, Silhouetten, Büsten, Statuetten, Reliefs und Medaillen – zu Carl August bilden neben den schriftlichen Quellen einen breiten Grund anschaulicher und geistiger Überlieferung. Durch punktuellen, aber keineswegs willkürlichen Zugriff, der ausdrücklich nicht einem wissenschaftlich-biografischen Anspruch folgt, sondern Details und Momenteindrücke vermitteln will, wird der Versuch einer Annäherung unternommen. Statt langer Rundumblicke in die Landschaft dieser Biografie werden nur kurze Momentaufnahmen einzelner freundlicher oder auch schroffer Details gegeben, keine tiefen Einsichten also in diesen Lebensfluß, sondern Bilder der allerdings vielbewegten Oberfläche: Blicke demzufolge auf viel Äußeres, was dennoch Gewinn verheißt, »denn bey Charakter-Darstellungen« – so Carl Augusts Lebensbegleiter Johann Wolfgang Goethe – »sind gerade die kleinsten Züge oft die bedeutendsten«.[3]

DER ERBPRINZ
Anna Amalias erstgeborener Sohn

Carl August an Minister von Fritsch   *Weimar, 16. Juli 1771*
Ich habe mit Vergnügen von den Anlässen gehört, welche Sie ganz Weimar ver-
schaffen, um den Armen in dem Elende beizustehen, welches sie im gegenwärtigen
Augenblicke niederdrückt. Mein Herz ist tief gerührt durch dieses Unglück, und ich
wünsche aufs lebhafteste, einige wirksame Hilfe leisten zu können.

Sie würden mich außerordentlich verpflichten, Herr Geheimer Rat, wenn Sie mir
zu diesem Ende die Erlaubnis meiner geliebten Frau Mutter erwirken könnten, daß
ich 400 Taler aus meiner Schatulle dazu verwenden dürfte, um sie unter den
hiesigen und den Eisenacher Armen zu verteilen.

Die Fürsten sind nur insoweit glücklich, als sie Gutes tun können. Wie dankbar
würde ich Ihnen sein, wenn Sie mir diese Genugtuung verschafften!

Seien Sie überzeugt von der Hochachtung, welche Ihnen widmet
Ihr ganz ergebenster und sehr wohlgewogener Freund   *Carl*[4]

Noch nicht 14 Jahre war Erbprinz Carl August alt, als er diesen denkwürdigen
Brief an den Minister Jakob Friedrich Freiherrn von Fritsch verfaßte. Der Anlaß
war die ganz Deutschland im Würgegriff haltende Hungerkatastrophe der Jahre
1770/71, die auch die weimarischen Lande mit voller Wucht getroffen und als Erbe
Krankheiten, Teuerungen, soziales Elend und Anstieg der Kriminalität hinterlassen
hatte. Woher nahm der noch minderjährige Fürstensproß diese durchaus nicht
»standesgemäße« soziale Empfindsamkeit? Und der merkwürdigen Eigenschaften
gab es auch bei dem späteren Potentaten weitere: »Seine Liebe zu Wissenschaften,
seine unermüdliche Tätigkeit, sein tüchtiges Benehmen in den unglücklichen Zeiten
der Fremdherrschaft« – so urteilte nach Carl Augusts Tod 1828 Heinrich Friedrich
Carl Reichsfreiherr vom und zum Stein – »weisen ihm eine ausgezeichnete Stelle
unter den bedeutenden Männern unseres Volkes und seines Zeitalters an.«[5] Stein,
der weitgereiste Diplomat und herausragende Reformer, nie freigiebig mit
vorschnellem Lob, mußte es wissen: eine mehr als fünfzigjährige Bekannt- und
Freundschaft verband ihn, den Gleichaltrigen, mit dem Herzog von Weimar. Wo
also in der Persönlichkeit Carl Augusts lagen die Quellen des sozialen Gespürs, der

Carl August, Öl a. L. von J. G. Ziesenis, 1769

19

Constantin, Öl a. L.
von J. G. Ziesenis, 1769

späteren Wissenschaftsförderung, wo wuchsen die inneren Antriebe für rastloses Tätigsein, woraus bildete sich der Grund, auf dem aufrechte Haltung und Würde in politisch wie menschlich angespannter Zeit wurzeln und sich dauerhaft verfestigen konnten?

Wenig bis nichts Charakteristisches verraten die ersten überlieferten Bildnisse des heranwachsenden Erbprinzen. Aufmerksamkeit erheischt erst das 1769 von Johann Georg Ziesenis geschaffene Ölgemälde: der selbstbewußte, freie, offene Blick des Zwölfjährigen, die fast ein wenig verschmitzten, wissend-altklugen Augen fallen auf; und: das auf Eigenwillen hindeutende, prognathische Kinn, späterhin bei Profildarstellungen hervorstechendstes Charakteristikum, auch Ziesenis hat es schon in seiner En-face-Sicht angedeutet, bei aller sonst vorhandenen Schönung von »Serenissimi Antlitz«. Nichtssagend freilich noch die kindliche Nase; das von der Mutter herkommende Relikt braunschweigischer Vorfahren bildete erst bei dem achtzehnjährigen Herrscher ein markantes Element der Physiognomie.[6]

Der zu Beginn zitierte Brief und der angedeutete Blick auf die bildhafte Überlieferung bestätigen übereinstimmend die Vorstellung einer herausgeho-

Friedrich der Große,
Öl a. L. von J. G. Ziesenis nach
A. R. Lisiewska

benen, werdenden Persönlichkeit. Kindheit und Jugend Carl Augusts, obschon oft dargestellt, in gebotener Gedrängtheit zu beleuchten ist deshalb unumgänglich zur Beantwortung der eingangs gestellten Fragen.

Am 3. September 1757 wurde Carl August als erster Sohn des Herzogs Ernst August II. Constantin und seiner Gemahlin Anna Amalia geboren. Die Zeiten waren bewegt und alles andere denn beschaulich: der dritte Schlesische Krieg, später als Siebenjähriger bezeichnet, tobte im zweiten Jahr durch deutsche Lande, und Preußens Friedrich, der ihn vom Zaune gebrochen, schien endgültig am Boden zu liegen. Nach der Schlacht von Kolin, die der Preußenkönig am 18. Juni an den österreichischen Feldherrn Graf Daun verlor, fluteten erneut fremde Truppen auch über Thüringen und die weimarische Residenz hinweg, und schlimmer noch: sie mußten versorgt werden. Franzosen, Ungarn, Reichsvölker, Kroaten, dann wieder Preußen quartierten sich im September 1757 nacheinander in Weimar und Umgebung ein und fraßen, Heuschrecken gleich, das Land kahl. Nach der Schlacht von Roßbach am 5. November, die Friedrich II. als glücklichen Sieger sah, mußte die Stadt Weimar die wilde Flucht der geschlagenen Franzosen über sich ergehen lassen. Herzog Ernst August II. Constantin konnte dem nur ohnmächtig zuschauen;

von schwächlicher Konstitution, häufig kränkelnd, sah sich bereits der Zwanzigjährige zur Abfassung seines Testaments veranlaßt; am 28. Mai 1758 starb er. Der zu dieser Zeit gerade halbjährige Erbprinz war zunächst der Obhut seiner Kinderfrau anheimgegeben. Anna Amalia befand Demoiselle Amalie Dorothee Kotzebue dieser wichtigen Aufgabe für würdig; das Fräulein, zeitlebens unvermählt, war dereinst mit ihrer Sippe und ihrer Herrschaft aus braunschweigischen Landen nach Weimar gekommen. Ihr Bruder war Herzoglich-Sächsischer Legationsrat bei der regierenden Herzogin, ein zweiter diente unter dem Herzog von Braunschweig während des Siebenjährigen Krieges und brachte es bis zum Major, dann zum Geschäftsträger der Markgräfin von Bayreuth, eine Schwester hatte den Gymnasiallehrer und Märchendichter Johann Carl August Musäus in Weimar geheiratet − eine geachtete und weitverzweigte Familie also, deren heute noch bekanntester Sproß, August von Kotzebue, ein Sohn des Legationsrates, durch seine Theaterberühmtheit und seine skandalumwitterte politische Karriere Carl August in der Folgezeit noch mehrfach beschäftigte.[7] Dessen Tante war es also zunächst, die den kleinen Herzog liebevoll umsorgte. Was sie nicht vollbringen konnte, vermochte auch die nachfolgende Kinderfrau, die Hofdame Fräulein von Quernheim, nicht: dem frühreifen Kinde Anna Amalias notwendige Schranken zu ziehen, gegebenenfalls ein entschlossenes Nein geltend zu machen. Im Wissen um die künftige Macht des Heranwachsenden wagten es weder Dienerschaft noch adlige Gouvernante, ein Erziehungskonzept − sofern es eins gegeben hat − konsequent durchzusetzen. Devotion und Hätschelei der Umgebung prägten und verbogen im frühesten Alter die charakterlichen Anlagen Carl Augusts. Die späteren Lehrer und auch Goethe hatten jahrelang mit den Folgen dieser frühen Fehlentwicklung zu tun.

Die eine oder auch andere dieser Gefahren muß der allzubald der Zeitlichkeit entrückte herzogliche Vater vorausgesehen haben. So hatte er 1758 testamentarisch verfügt, daß »keine Mühe, Sorgfalt und Kosten gescheut werden, damit der Prinz ohne Pedanterie erzogen, ihm vor den Wissenschaften durch Zwang oder üble Methode kein Widerwillen gemacht und er auferzogen werde in Gottesfurcht und wahrer Frömmigkeit, damit er seine Ehre fördern, sich selbst vor Lastern hüten, Land und Leuten nützlich sein und den Ruhm unseres Hauses bis auf die spätesten Zeiten erhalten und mehren könne«[8]. Der Ruhm war noch die leichteste Sache, schwieriger war es − wie sich herausstellen sollte − mit den zu vermeidenden Lastern beschaffen; im übrigen hätte wohl nur ein gelehrter Gottesmann diesem hohen Ideal entsprechen können. Der Herzog hatte ferner festgelegt, Carl August mit beendetem 4. Lebensjahr erstmals einen Hauslehrer vorzusetzen. Diesen »Instruktor« fand die aufmerksam suchende Mutter mit Hilfe ihres Vaters, des

Herzogs Karl von Braunschweig. Der alte Herr empfahl der Tochter seinen Theologen Johann Wilhelm Seidler, der »un meuble tres-utile« (ein sehr nützliches Stück Möbel) sei, und so konnte 1761 der Unterricht im Lesen, Schönschreiben, in Musik und Tanzen, Fechten, Erdkunde, Geschichte, in Latein, Mathematik und Physik, vor allem aber in Religion beginnen; Natur- und Völkerrecht, Staatsrecht, Polizeiwissenschaft und Verwaltungskunde kamen später dazu. Des Deutschen und Französischen bediente man sich am Weimarer Hofe – wie an den meisten deutschen Residenzen jener Zeit – durch- und miteinander, nicht immer zum Besten sowohl der einen als auch der anderen Sprache. Carl August lernte folglich beide von Kindheit an; daß er zeitlebens im Deutschen Dativ und Akkusativ nicht auseinanderzuhalten vermochte, muß ihm unter diesen Umständen verziehen werden. Sein königlicher Großoheim in Berlin, Friedrich II. von Preußen, verhunzte diese Sprache noch wesentlich schlimmer. Am Unterricht nahm auch der um ein Jahr jüngere Prinz Friedrich Ferdinand Constantin teil, der, von gänzlich anderer Wesensart als sein Bruder, bis zu seinem Tode 1793 immer im Schatten Carl Augusts stand.[9]

Dem Oberkonsistorialrat Seidler war indes kein langer Dienst als Lenker und Leiter des heranzubildenden Fürsten beschieden. Als Bürgerlicher und Vater einer ständig wachsenden Familie zunehmenden Zwängen bei seiner nicht einfachen Erziehungsaufgabe ausgesetzt, konnte er auf die Dauer dem jungen Carl August nicht ausreichend Paroli bieten. Anna Amalia sah sich nach einem neuen, adligen Hofmeister für ihren Erbprinzen um; der so titulierte »obervormundschaftlich-sachsen-weimarische Hof- und Legationsrat«, ausstaffiert mit einem Jahresgehalt von 600 Talern, freier Tafel und Wohnung im Schlosse, wurde endlich gefunden und am 31. August 1761 in sein Amt berufen: Johann Eustachius Graf von Schlitz, genannt Graf Görtz.

1737 als jüngerer von zwei Brüdern geboren, mußte sich Schlitz um auswärtige Anstellungen bemühen. Mit der gediegenen Bildung des braunschweigischen »Carolinums« ausgestattet, studierte der junge Graf in Leyden und Straßburg, bevor er – achtzehnjährig – 1755 erstmals nach Weimar kam. Nach einem gothaischen Zwischenspiel geriet er 1761 schließlich in die engere Auswahl von Herzogin Anna Amalia, die an ihm Kenntnisse, Fleiß, Ernsthaftigkeit, Bescheidenheit und Geradlinigkeit hervorheben zu dürfen glaubte. Er war gerade 24 Jahre alt, als er sein Amt antrat. »Seine Jugend«, argumentierte die Mutter Carl Augusts, »bildet für mich kein Hindernis; im Gegenteil, sie setzt ihn bei mir in Gunst: ein Mann dieses Alters, der solch eine Arbeit, von *der* Dauer, verbunden mit so vielen Schwierigkeiten auf sich genommen, dessen Mut und Eifer muß durch die Aussicht auf Dankbarkeit, die er in der schönsten Zeit seines Lebens, mit

J. E. Graf von Schlitz,
gen. Graf Görtz, Kupferstich nach
J. F. de Goez von D. Berger, 1790

vierzig Jahren, zu ernten hat, sich mehren, während ein Mann, welcher in diesen Jahren erst anfängt, ermüden wird, je weiter er vorwärts schreitet.«[10]

13 Jahre lang stand Carl August unter dem Gouvernement dieses Mannes, vom 5. Lebensjahr bis kurz vor dem vollendeten 18. Im Juli 1775, wenige Wochen vor der Mündigkeitserklärung des Erbprinzen, wurde Görtz unerwartet von Anna Amalia seines Amtes enthoben und entlassen. Dennoch war der Abschied äußerlich ehrenvoll: eine lebenslängliche Pension von jährlich 1500 Talern, ein einmaliges Dotat von 20000 Talern und die Ernennung zum Wirklichen Geheimen Rat mit dem Titel Exzellenz.[11] In preußischen Diensten, zunächst bei Friedrich II., dann bei Friedrich Wilhelm II. und Friedrich Wilhelm III., brachte er es nacheinander zum Gesandten Preußens in Rußland und Holland, zum Reichstagsgesandten und 1799 zum Gesandten beim Rastatter Kongreß. 1807 privatisiert, starb er 1821 als Vierundachtzigjähriger in Regensburg.

Nach Maßgabe seines pädagogischen Vermögens und der zeitgemäßen Auffassung setzte Görtz mit durchaus strenger Hand eine an aristokratischen Grundsätzen ausgerichtete Verstandesausbildung und zielgerichtete Charakter- und Willensformung seines Zöglings durch, die den Ideen eines »aufgeklärten Despotismus« folgte.[12] Traditionelle, durch das weimarische Milieu provinziell gefärbte und europäisch-chevalereske Erziehung amalgamierten sich zu einer

Methode, die Carl August sichtlich formte. In einem 1762 an Anna Amalia gerichteten Brief formulierte der Prinzenerzieher seine Absicht, auf den Sechsjährigen mit dem Ziel einzuwirken,»daß sein Herz voll Liebe gegen seine Nebenmenschen, voll Mitleiden gegen Notleidende, voll Gehorsam gegen Gott und seine heiligen Gebote und mit allen denen Tugenden geziert sein sollte, die allein die wahre Hoheit, das Glück und die Vollkommenheit eines Fürsten machen«[13]. Hier liegen die Keime für die Verhaltensweise des knapp Vierzehnjährigen, wie sie im eingangs zitierten Brief zutage tritt. Doch dies war nur die eine Seite der Medaille. Schwer war es, den gern in sich gekehrten, aufsässigen und ungeselligen Knaben zu beeinflussen, ja seine fortgesetzten Unfreundlichkeiten einzuschränken. Überliefert ist die Eitelkeit des Heranwachsenden, die sich vor allem in seiner Kleidung ausdrückte: grüne ungarische Weste, silberbesetzte Beinkleider, Dolman, Quastenmütze in bunter Farbenpracht, dazu den umgelegten polnischen Weißen-Adler-Orden, den auch Ziesenis in seinem Ölgemälde von 1769 sorgsam festhält – Carl August war sich früh, viel zu früh der Rolle bewußt, die das hocharistokratische Herkommen ihm bereithielt.

Görtz versuchte dem zu steuern, wozu er u.a. die Schriften von Rousseau und Basedow zu Rate zog. Daß er nicht vergeblich nach einem Erziehungskonzept gestrebt hatte, bewiesen zum Beispiel zwei Ereignisse des Jahres 1771: Die Examinierung des Erbprinzen am 27. März anläßlich seiner Konfirmation wurde bei»offenen Türen« – der Glaube des Fürsten war öffentliche Angelegenheit – vollzogen und brachte Carl August hohes Lob ein. Und als der knapp Vierzehnjährige im Juni des gleichen Jahres seinem Verwandten Friedrich II. von Preußen im braunschweigischen Salzdahlum erstmals gegenübertrat, soll er ihn mit seiner Belesenheit und seinem Selbstbewußtsein nachdrücklich beeindruckt haben. Eine Kindheit im herkömmlichen Sinne hatten Carl August und Constantin bereits als Sieben- bzw. Sechsjährige nicht mehr: der 14-Stunden-Tag, der sich aus dem Unterricht, zeremoniellen Mahlzeiten und verschiedenartigem Hofdienst zusammensetzte, war die Regel.

Im Jahre 1772 gewann Anna Amalia einen weiteren Erzieher hinzu: am 20. September zog der Erfurter Professor primarius für Philosophie Christoph Martin Wieland, bekannt als feinsinniger Ästhet und Poet, Verfasser des Staatsromans »Der goldene Spiegel«, in Weimar ein, wo er zum Hofrat und Prinzen-Instruktor mit 600 Talern Jahresgehalt avancierte. Der neue Lehrer, der sich mit Görtz bald bestens verstand, erkannte die Ecken und Kanten an der Persönlichkeit des fünfzehnjährigen Carl August sehr genau:»Sein von Natur großer, tätiger, dem Wahren und Tüchtigen zugewandter Geist, der aber zugleich hastig, unlenksam, jähzornig ist, muß notwendig gebildet, aufgeklärt und auf das wahre Gute gerichtet

C. M. Wieland, Bleistift,
Tuschlavierung, Aquarellfarbe,
Weißhöhung von J. W. Goethe, 1776

werden, und zwar mit besonderer Achtsamkeit und Geschicklichkeit. Ihm tut not, an das gute Denken *gewöhnt,* täglich in den edelsten Verrichtungen des menschlichen Geistes *geübt* und sozusagen *gezähmt* zu werden, daß er sich mit gutem Willen und eigener Überzeugung der Stimme der Vernunft und der Pflicht seines Berufes unterwirft. Nicht einen Lehrer der Philosophie braucht er, sondern einen Philosophen.«[14]

Die Regentin freilich, die ja die Wahl selbst getroffen hatte, geriet zunehmend in Widerstreit zu Wieland und Görtz. Eifersucht der Mutter auf die beiden Vertrauten des Sohnes war das eine, zunehmender Widerspruch des pubertierenden Heranwachsenden gegen seine regierende Mutter das andere Hauptmotiv. Anna Amalia, zuweilen launisch in ihrem Auftreten, legte gegenüber den Erziehern ihres Sohnes mitunter »mordende Kälte« an den Tag, was besonders Wieland, den sie als »Orakel« des Erbprinzen ansah,[15] empfindlich kränkte. Carl August seinerseits reagierte mit zunehmend trotziger Verschlossenheit, was die Mutter wiederum verbitterte. Das gespannte Mutter-Sohn-Verhältnis wurde weiterhin belastet, weil Carl August eine sukzessive Einsetzung in seine herzoglichen Rechte vermißte sowie vergeblich darauf drängte, die zeit- und standesgemäße Kavalierstour antreten zu dürfen. Mit der Zeit baute sich somit zwischen dem Freiheitsverlangen

26

des Sohnes und der Vorsicht der Mutter ein Konflikt auf, der sich heftig entladen mußte.

Mit der Berufung Karl Ludwig von Knebels als Gouverneur für Prinz Constantin im Jahre 1774 glaubte Anna Amalia die verfahrene Situation zu ihren Gunsten beeinflussen zu können. Dieser schöngeistige ehemalige Offizier Friedrichs II. von Preußen galt als klug und geradlinig und schien geeignet, die verhärteten Fronten auflockern zu helfen. Zugeständnisse Anna Amalias an Carl August stellten die Zubilligung eines eigenen Pagen und eines Hofmeisters dar: so kam der Stallmeister Josias Freiherr von Stein in engere Verbindung mit dem künftigen Herzog.

Auch des Sechzehnjährigen Gesundheit betrachtete die Mutter nicht ohne Sorge. Das nur kurze Leben seines Vaters bedenkend und zugleich herkömmlichem Brauche folgend, hielt Anna Amalia 1774 entschlossen Ausschau nach einer Braut für den werdenden Landesherren. Über Wieland und den Darmstädter Kriegsrat Johann Heinrich Merck wurden u.a. Erkundigungen über die hessische Prinzessin Louise eingeholt, die Tochter des Landgrafen Ludwig IX., die, gleichaltrig mit Carl August, als starker und lauterer Charakter gelobt wurde. Beide kannten einander bereits: 1773, anläßlich einer Reise Louises und zweier ihrer Schwestern nach Rußland, wo die auf dynastischen Bestrebungen basierende Brautwahl des

Louise von Hessen-Darmstadt,
Pastell von unbekannt, um 1770

Zarensohnes Paul erfolgte (er heiratete 1773 Louises Schwester Wilhelmine), waren Louise und Carl August erstmals in Erfurt bei dem kurmainzischen Statthalter Carl von Dalberg zusammengetroffen und hatten durchaus Sympathie füreinander empfunden. Nach einigem Hin und Her stand schließlich Anna Amalias Wunsch fest, Louise von Hessen-Darmstadt mit ihrem Sohne zu vermählen. Die dazu erforderliche Brautwerbetour eröffnete Carl August die günstige Gelegenheit, zugleich auf die längst fällige Kavaliersreise zu gehen. Am 8. Dezember 1774 trat der siebzehnjährige Erbprinz in Begleitung seines Bruders Constantin, des Grafen Görtz, des Stallmeisters von Stein, des Hauptmanns von Knebel und des Leibarztes Engelhardt die Reise ins Hessische an, die in die Schweiz oder nach Frankreich ausgedehnt werden sollte. Über Mainz und Mannheim führte die Fahrt nach Karlsruhe, wo der Erbprinz am 17. Dezember seine künftige Braut wiedersah. »Sie ist gewachsen und schöner geworden«, beeilte er sich nach Weimar zu melden. »In den wenigen Minuten, in denen ich den Vorzug hatte, sie zu sehen, ist sie mir als eine Prinzessin voll Geist und Charakter erschienen. Ich gebe mir alle mögliche Mühe, sie kennen zu lernen.«[16] Das betrieb er augenscheinlich mit Erfolg, und nachdem der militärverliebte Landgraf Ludwig, der sich in Pirmasens aufhielt und sich nur für Paraden und Exerziermärsche interessierte, aus der Ferne den väterlichen Segen gegeben hatte, konnte am 28. Januar 1775 die Verlobung stattfinden.

Als Grafen von Allstädt, mit dem üblichen Inkognito versehen, reisten die herzoglichen Brüder nebst Begleitung weiter nach Paris, wo sie am 28. Februar eintrafen. Den Argusaugen der Mutter entkommen, stürzte sich Carl August in das bunte Treiben der weltstädtischen Residenz König Ludwigs XVI. Friedrich Melchior Grimm, der bekannte französische Korrespondent deutscher Höfe und der Zarin Katharina II., führte die Prinzen in die Gesellschaft ein. Besuche bei Diderot, d'Alembert, von Holbach, bei Marmontel und Raynal gehörten gleichermaßen zum Programm wie die Teilnahme an den »bureaux d'esprit« der Madames Geoffrin, du Deffand und de l'Epinay. Am 7. März und am 9. Mai hatte Carl August Audienzen beim französischen König, und hier stand er, sehr zur Zufriedenheit seines Mentors Görtz, ebenso seinen Mann wie bereits vorher an den deutschen Höfen. Daß Carl August auch andernorts männliche Prüfungen bestanden haben dürfte, lag sicher nicht im Erziehungskonzept des Grafen Görtz, wohl aber am Angebotskatalog der französischen Hauptstadt. Aus geplanten vier Wochen Paris-Aufenthalt wurden schließlich zehn, so daß erst am 12. Mai die Rückreise angetreten werden konnte. Zehn Tage später sah Carl August die Verlobte in Karlsruhe wieder, wo er schon am 11. Dezember 1774 den jungen Rechtsanwalt Johann Wolfgang Goethe kennengelernt hatte, der dann im September 1775 nach Weimar eingeladen wurde. Am 21. Juni langte die Gesellschaft wieder zu Hause an. Am 3. September übernahm Herzog Carl August nach umständlichem Zeremoniell die Herrschaft in Sachsen-Weimar-Eisenach, einem aus den drei ehemals selbständigen Herzogtümern Weimar, Sachsen-Jena und Sachsen-Eisenach zusammengeflickten Staatsgebilde, das Enklaven umschloß und Exklaven besaß, mit 8 kleinen Städten und keiner nennenswerten Industrie ausgestattet war.

DER HERZOG
Sachsen-Weimars hoffnungsvoller Herrscher

Carl August an Minister von Fritsch   *Weimar, 10. Mai 1776*
Ich habe Ihren Brief, Herr Geheimer Rat, vom 24. April richtig erhalten. Sie sagen mir in demselben Ihre Meinung mit aller der Aufrichtigkeit, welche ich von einem so rechtschaffenen Manne, wie Sie sind, erwartete. Sie fordern in eben demselben Ihre Dienstentlassung, weil, sagen Sie: Sie nicht länger in einem Collegio, wovon D. Goethe ein Mitglied ist, sitzen können:

Dieser Grund sollte eigentlich nicht hinlänglich sein, Ihnen diesen Entschluß fassen zu machen. Wäre der D. Goethe ein Mann eines zweideutigen Charakters, würde ein jeder Ihren Entschluß billigen. Goethe aber ist rechtschaffen, von einem außerordentlich guten und fühlbaren Herzen; nicht alleine ich, sondern einsichtsvolle Männer wünschen mir Glück, diesen Mann zu besitzen. Sein Kopf und Genie ist bekannt. Sie werden selbst einsehen, daß ein Mann wie dieser nicht würde die langweilige und mechanische Arbeit, in einem Landes Collegio von unten auf zu dienen, aushalten. Einen Mann von Genie nicht an dem Ort gebrauchen, wo er seine außerordentlichen Talente gebrauchen kann, heißt denselben mißbrauchen. Ich hoffe, Sie sind von dieser Wahrheit so wie ich überzeugt.

Was den Punkt, daß dadurch vielen verdienten Leuten, welche auf diesen Posten Ansprüche machten, anbetrifft, so kenne ich niemanden in meiner Dienerschaft, der meines Wissens darauf hoffte. Zweitens werde ich nie einen Platz, welcher in so genauer Verbindung mit mir, mit dem Wohl und Weh meiner Untertanen steht, nach Anciennität, sondern nach Vertraun vergeben. Was das Urteil der Welt betrifft, welche mißbilligen würde, daß ich den D. Goethe in mein wichtigstes Kollegium setzte, ohne daß er zuvor weder Amtmann, Professor, Kammer- oder Regierungsrat war, dieses verändert gar nichts! Die Welt urteilt nach Vorurteilen, ich aber und jeder, der seine Pflicht tun will, arbeitet nicht, um Ruhm zu erlangen, sondern um sich vor Gott und seinem eigenen Gewissen rechtfertigen zu können, und suchet auch ohne den Beifall der Welt zu handeln.

Nach diesem allen muß ich mich sehr wundern, daß Sie, Herr Geheimer Rat, die Entschließung fassen, mich jetzt in einem Augenblick zu verlassen, wo Sie selber fühlen müssen und gewiß fühlen, wie sehr ich Ihrer bedarf; wie sehr muß es mich befremden, daß Sie, statt sich ein Vergnügen daraus zu machen, einen jungen,

30

fähigen Mann, wie mehrbenannter D. Goethe ist, durch Ihre in einem 22jährigen treuen Dienst erlangte Erfahrungen bilden, lieber meinen Dienst zu verlassen und auf eine sowohl für den D. Goethe, als — ich kann es nicht leugnen — für mich beleidigende Art! Denn es ist, als wäre es Ihnen schimpflich, mit demselben in einem Collegio zu sitzen, welchen ich doch, wie es Ihnen bekannt, für meinen Freund ansehe, und welcher nie Gelegenheit gegeben hat, daß man denselben verachte, sondern vielmehr aller rechtschaffenen Leute Liebe verdient.

Was die Wiederbesetzung der Kammerpräsidentenstelle betrifft, so sagen Sie: daß sich schon noch Leute finden würden unter meinen Dienern, welche dieser Stelle gewachsen sein würden, welchen aber teils die Gelegenheit fehlte, teils aber auch zu bescheiden wären gewesen, sich mir kennbar zu machen, indem die besten Diener auch die bescheidensten zugleich wären. Dieses ist sehr wahr, aber eine Bescheidenheit, welche so weit gehet, daß sie die Talente eines Dieners seinem Herrn unkennbar und dadurch unbrauchbar macht, ist nicht nur überflüssig, sondern auch schädlich. Ich bin von Jugend auf, und zumal in denen etwas reiferen Jahren nie versteckt gewesen; habe ich Vorurteile gehabt, so hinderten sie doch nie, daß man sich mir hätte können kenntbar machen. Wegen mangelnder Gelegenheit: diese Ursache dünkt mir ganz ungültig zu sein; zu diesem ist die Gelegenheit wenigstens sehr leicht und fast ohnfehlbar zu finden.

Über diesem allen ist die edelste Zeit verstrichen, wenn dieser Platz lange unbesetzt bliebe. Sie, Herr Geheimer Rat, sind zu billig, als daß Ihnen nur der Gedanke kommen sollte, daß ich auf Ihre bloße Versicherung einen so wichtigen Platz wie die Kammerpräsidentenstelle wider mein besser Wissen und Gewissen besetzen; oder sollte ich von vorne wieder anfangen, andere Menschen kennen zu lernen, da nichts da ist, noch sich findet, das den Kammerherrn v. Kalb zu diesem Platz unfähig macht? Welche Zeit würde da verstreichen und welche edle Zeit! Und doch: unter keiner andern Bedingung kann ich mich entschließen, einem andern diese Stelle zu geben.

Die Veränderung in der Behandlung der Geschäfte hat mir nötig geschienen, weil die Gegenwart der Präsidenten der wichtigsten Kollegien allen Mißverständnissen vorbeugt, welche ohnvermeidlich sind, so bald die Vorträge im Geheimen Konseil aus den schriftlichen Berichten muß gemacht werden. Das Vortragen der Sachen ist (dünkt mir) eine sehr mechanische und leichte Arbeit; aber die Beurteilung derselben und die Entscheidung der Sachen: dieses halte ich für die edelste Beschäftigung eines Ministers, nicht das Referieren! Wenn Sie dieses, Herr Geheimer Rat, aus eben dem Gesichtspunkt ansehen, aus welchem ich es sehe, so befremdet es mich sehr ebenfalls, wie Sie sagen und glauben können, daß, sobald die Justiz- und Kriminalsachen durch den Geheimen Rat Schmid, die

Kammerangelegenheiten aber durch den neu zu bestellenden Kammerpräsidenten in Vortrag gebracht werden, so können die übrigen durch die zwei letzten membra des Geheimen Konseils besorgt werden, Sie mir also ganz entbehrlich wären! Hier haben Sie mit aller möglichen Aufrichtigkeit, was ich über Ihren Entschluß denke. Sie sind Herr und Meister, zu tun, was Sie wollen; ich hielte es für eine Ungerechtigkeit, es sei, wen es wollte, in so wichtigen Vorfallenheiten seines Lebens einzuschränken. Aber wie sehr wünschte ich, Sie bedächten Sich anders.

Carl August, H. z. S.[17]

In seiner neuen Würde und Gnade als Herzog zu Sachsen verfaßte Carl August Anfang Mai 1776, achtzehneinhalbjährig, höchst eigenhändig dieses denk- und merkwürdige Schreiben, das ob seiner seltsamen Mischung von altkluger Sach- und Menschenkenntnis, seines selbstverständlichen Herrschertones, vor allem aber seines beredten, warmherzigen Eintretens für den Freund Goethe schon oft zitiert und abgedruckt worden ist. Den fünf Quartbögen umfassenden Brief, der ausgestrichene Wörter und einige Tintenkleckse aufweist, erhielt Jakob Friedrich von Fritsch. Der damals fünfundvierzigjährige Staatsmann war schon am 2. September 1754 in weimarische Dienste getreten und hatte sich vom Legationsrat und Assessor bei der Landesregierung in Eisenach allmählich die hierarchische Stufenleiter der sachsen-weimarischen Verwaltungslaufbahn emporgedient. Am 31. Januar 1756 ernannte ihn Herzog Ernst August II. Constantin zum »Würklichen Hofrath« und Geheimen Referendarius, und nach dem frühen Ableben des Fürsten erwarb er sich das volle Vertrauen der Regentin Anna Amalia, die ihn am 20. Oktober 1762 als Geheimen Legationsrat »cum voto« in das Geheime Consilium, die oberste Regierungsbehörde, berief. Am 28. Februar 1768 avancierte er zum Geheimen Rat, und bereits vier Jahre später, 1772, wurde er Wirklicher Geheimer Rat und Vorsitzender des Consiliums. 16 Jahre hatte Fritsch dazu gebraucht, um Erster Minister zu werden; stets war er dabei im besten Einvernehmen mit der Regentin gewesen. Mit dem Aufgehen der »neuen Sonne«, der Regierungsübernahme durch Carl August, glaubte er das Ende seiner Karriere heranahen zu sehen.

Da Fritsch als Günstling Anna Amalias und intimer Kenner der Spannungen zwischen Mutter und Sohn zu Recht fürchten mußte, daß der neue Herzog die wichtige Stelle des Ersten Ministers nach eigenem Gutdünken besetzen könnte – Görtz selbst mag ehrgeizig darauf spekuliert haben –, hatte er bereits im März 1775 mit dem vakanten Posten des Präsidenten beim Appellationsgericht geliebäugelt, dann aber doch die Wochen nach dem 3. September 1775 vorläufig abwartend verbracht. Schließlich war der Wunsch und Wille des neuen Herzogs, möglichst

J. F. v. Fritsch, Öl a. L.
von D. J. E. Heinsius nach
A. Graff, 1774/75

schnell gravierende, auch personelle Veränderungen im Verwaltungsapparat durchzusetzen, schon seit längerem kein Geheimnis mehr, was u.a. ein Brief des Erfurter Statthalters von Dalberg belegt, der bereits im Juli 1775 den Grafen Görtz beschwor, Carl August – wenn möglich – von allzuschnellen diesbezüglichen Entschlüssen abzuraten.[18] Indes geschah zunächst nichts dergleichen. Der achtzehnjährige Herzog reiste im September nach Karlsruhe, wo er sich am 3. Oktober mit Prinzessin Louise vermählte, und nach der Rückkehr von der Hochzeitsfahrt setzte im November 1775 jenes vielstimmig überlieferte Genietreiben am Weimarer Hofe ein, das in zahlreichen Schilderungen noch heute facettenreich schillert. Fritschs Bedenken waren seinerzeit aus der Kontroverse der Herzoginmutter mit Carl August erwachsen. Der aber hatte indessen, auf der Durchreise zur Hochzeit, am 22. September in Frankfurt Johann Wolfgang Goethe kurzerhand nach Weimar eingeladen, wo dieser am 7. November eintraf und eine radikale Veränderung des höfischen Alltagslebens in der bisher eher verschlafenen Residenz bewirkte. Das genialische Treiben, die rauschenden Bälle und Maskeraden, die lärmenden Jagden und lustig-weinseligen Reisen in die nähere und weitere Umgebung ließen Carl August kaum Zeit zum Nachdenken über seine Verwaltungsreformen, schärften aber gleichwohl, fast unbewußt, seinen Blick für die Probleme des Landes. Zunächst aber gab es Tollheiten und Streiche, stand der junge Herzog etwa mit seinem neuen, acht Jahre älteren Intimus stundenlang auf dem Weimarer Marktplatz, um lautstark mit der Peitsche um die Wette zu knallen, oder wurde gemeinsam im thüringischen Stützerbach der ortsansässige Kaufmann Johann Elias Glaser »sündlich geschunden«. Nicht selten frönte man in »liederlicher Wirtschaft« mit den Bauernmädchen der Umgebung einem hemmungslosen Sichausleben. Das Weimarer Genietreiben machte Furore und Schule. »Die angehende Regierung des Herzogs von Weimar«, schrieb Johann Daniel Falk, »war eine herrliche Zeit für Weimar und ganz Deutschland. Alle Genies aus Osten und Westen strömten zu dem neuen Musensitze herbei und glaubten sämtlich, dort gleich Goethe, Herder und Wieland eine Freistatt zu finden. Bertuch…, der damals Schatzmeister beim Herzoge war, sprach später mit Vergnügen von einer eigenen Rubrik in seinen Rechnungen, die er damals besonders anlegen mußte und die fast nichts als Hosen, Westen, Strümpfe und Schuhe für deutsche Genies enthielt, welche, schlecht mit diesen Artikeln versehen, zu Weimars Toren einwanderten…«[19]

Es muß dem seriösen konservativen Staatsmann Fritsch einen gewaltigen Schock versetzt haben, daß nach wochenlangem Stillschweigen Carl August am 23. April 1776 als eine seiner ersten Verwaltungsmaßnahmen zwei junge Männer in hohe Ämter berief, zu denen sie einzig und allein durch die Freundschaft mit dem Herzog prädestiniert schienen. Dafür hatten sie aber durch ihr Auftreten die stockphiliströse Stadt schon »skandalisiert« bzw. als »maître de plaisir« in Entsetzen gestürzt: der neue Kammerpräsident Johann August Alexander von Kalb und mehr noch der Stückeschreiber Dr. Goethe als viertes Mitglied des Geheimen Consiliums. Bereits tags darauf reagierte dessen Präsident: Indem er »mit Bekümmerniß die Placirung« des Dr. Goethe im Geheimen Consilio zur Kenntnis nehme, bitte er »unter anhoffender gnädigster Erlaubniß« um seine Demissionierung.[20] Carl August setzte dem, psychologisch nicht ungeschickt, den Vorwurf einer indirekten Beleidigung seiner Person entgegen, und er hatte letztlich auch Erfolg: erst 24 Jahre später, am 31. März 1800, quittierte von Fritsch, fast erblindet, mit Ehren überhäuft, den Dienst beim Weimarer Fürstenhaus. Am 13. Januar 1814 starb der ehemalige hohe Regierungsbeamte in Weimar. Indes sollte Fritsch zumindest teilweise recht behalten. Bereits im Jahre 1782 sah sich Carl August genötigt, den Kammerpräsidenten von Kalb nach nur sechsjähriger Amtszeit abzulösen. Goethe umriß dessen Leistung in einem vertraulichen Brief vom 27. Juli 1782 an den Freund Knebel mit einem kurzen, aber vernichtenden Urteil: »Als Geschäfftsmann hat er sich mittelmäsig, als politischer Mensch schlecht, und als Mensch abscheulich aufgeführt.«[21]

C. T. v. Dalberg, Öl a. L.
von unbekannt, um 1800 (?)

Goethe selbst, in dem zu Beginn des Jahres 1776 allmählich der Entschluß herangereift war, in Weimar zu bleiben und sein Glück bei und mit dem jungen Herzog zu versuchen, wurde gleichzeitig mit wachsender Schärfe bewußt, welcher Verantwortung und welchem verworrenen Intrigenspiel er sich stellte. Die sukzessive Übernahme wichtiger Staats- und Verwaltungsämter, die ihm Carl August antrug – Geheimer Legationsrat mit Sitz und Stimme im Geheimen Consilium, Ressortverantwortung für Bergwerksangelegenheiten, Straßenbau, Kriegswesen, schließlich (1782) sogar noch die Verantwortung für die »Kammer«, die herzogliche Vermögensverwaltung –, verursachte einen zunehmenden Dienst- und Geschäftsdruck, dem Goethe bis zum Antritt der Italienreise 1786, unterbrochen lediglich durch einige ausbruchsartige Reisen und längere Jena-Aufenthalte, erfolgreich standhielt. Wöchentlich fanden Beratungen des Geheimen Consiliums statt, auf denen die vier Teilnehmer – Herzog Carl August, Präsident Jakob Friedrich von Fritsch, Christian Friedrich Schnauß und Goethe – die breite Palette aller anstehenden Probleme des Ländchens durchsprachen und zur Entscheidung brachten. »Ackten«, »Conseil«, »Session«, »fatale Geschäfte« sind in Goethes Tagebuchaufzeichnungen jener Jahre oft wiederkehrende Begriffe. Auch der Herzog selbst, mit dem Kürzel ♃ (für Jupiter) figurierend, tritt dort mehrfach ins Bild; die Eintragungen belegen einen Entwicklungsprozeß, der dem »Mentor« Goethe viel abverlangte, ihm oft genug Wechselbäder der Gefühle bescherte. Carl August hatte sehr früh eine Vorliebe für das Militärwesen entwickelt, und nach der Übernahme der Regierung spielte dieser Bereich für ihn eine große Rolle. Am 27. März 1778 notierte Goethe: »♃ war viel in Milit[ärischen] gedancken, und ich ganz fatal gedruckt von allen Elementen es währte noch einige Tage.«[22] Gerade in Militärangelegenheiten war mit dem jungen tatendurstigen Herzog ein schweres Verhandeln. »Bevorstehende neue Eckel Verhältn[isse] durch die Kriegs Comis[sion]«, erwartet das Tagebuch im Dezember 1778 und schließt den anspornenden Satz an: »Durch Ruhe und Geradheit geht doch alles durch.«[23] Ruhe und Geradheit waren im Umgang mit Carl August das geeignete Mittel, zu einem Konsensus zu gelangen. Weiteres deutet eine tiefgründige Bemerkung Goethes gleichfalls aus dem Dezember 1778 an: »Gespr[äch] mit dem ♃ über Ordnung, Pol[izei?] und Gesezze. Verschiedne Vorstellung. Meine darf sich nicht mit Worten ausdrücken, sie wäre leicht misverstanden und dann gefährlich. Indem man unverbesserliche Ubel an Menschen und Umständen verbessern will verliert man die Zeit und verdirbt noch mehr statt dass man diese Mängel annehmen sollte gleichsam als Grundstoff und nachher suchen diese zu kontrebalanciren.«[24] Denn Balanceakte hatte zu bestehen, wer in jenen Jahren dienstlich mit dem gerade neunzehnjährigen Herrscher zu tun bekam. Goethe übernahm am 13. Januar 1779 die Leitung der Kriegskommission, deren Akten und Verhältnisse er intensiv kennenzulernen suchte. Unter dem 1. Februar 1779 ist in seinem Tagebuch ein stimmungsträchtiger Bericht über die Sitzung des Geheimen Consiliums vom gleichen Tage überliefert: »Dumme Lufft drinne. Fataler Humor von Fr[itsch]. ♃ zu viel gesprochen. Das Thauwetter war mir in den Gliedern und die Stube warm. mit ♃ gessen nach Tisch einige Erklärung über: zu viel reden, fallen lassen, sich vergeben, seine Ausdrücke mässigen, Sachen in der Hizze zur sprache bringen die nicht geredt werden sollten. Auch über die Militärischen Makaronis. ♃ steht noch immer an der Form stille. Falsche Anwendung auf seinen Zustand was man bey andern gut und gros findet. Verblendung am äusserlichen Übertünchen. Ich habe eben die Fehler beym Bauwesen gemacht. Die Kr[iegs] Comm[ission] werd ich gut versehn weil ich bey dem Geschäfft gar keine Immagination habe, gar nichts hervorbringen will, nur das was da ist recht kennen, und ordentlich haben will. So auch mit dem Weegbau. / So schweer ist der Punckt: wenn einem ein Dritter etwas räth oder ein Mangel entdeckt, und die Mittel anzeigt wie dieses gehoben werden

J. G. Herder, Öl a. L.,
Kopie nach F. Rehberg
von unbekannt, um 1794

könnte, weil so offt der Eigennuz der Menschen ins Spiel kommt die nur neue Etats machen wollen um bey der Gelegenheit sich und den ihrigen eine Zulage zuzuschieben, neue Einrichtungen um sichs's bequemer zu machen, Leute in Versorgung zu schieben pp. Durch diese Wiederhohlten Erfahrungen wird man so misstrauisch dass man sich fast zulezt scheut den Staub abwischen zu lassen. In keine Lässigkeit und Unthätigkeit zu fallen ist deswegen schweer.«[25]

Das Jahr 1779 war – folgt man den Aufzeichnungen Goethes als der zweifelsfrei wichtigsten Bezugsperson für Carl Augusts Entwicklung – das entscheidende, gewissermaßen das Schlüsseljahr in der Formung des Zweiundzwanzigjährigen. »Er wird täglich reiner bestimmter«[26], hielt Goethe im Frühjahr 1779 fest, drei Monate später zeigte er sich überzeugt, daß der Herzog »bald über die große Crise weg« sein werde und zu schönen Hoffnungen Anlaß gebe,[27] und im Sommer des gleichen Jahres resümierte der Chronist: »Er nimmt sich auserordentlich zusammen, und an innrer Krafft, Fassung, Ausdauern, Begriff, Resolution fast täglich zu.«[28] Zwar finden sich auch verhaltenere Töne – »Vorsicht mit dem Herzog«[29] –, doch war die Situation inzwischen herangereift, Carl August einer komplexen Bewährungs- und Charakterprobe zu unterziehen. Diese lieferte die Schweizreise vom 12. September 1779 bis 13. Januar 1780. An ihr nahmen neben dem jungen Herzog nur der Kammerherr Moritz von Wedel, Goethe und dessen Diener Philipp Seidel, der herzogliche Kämmerer Wagner sowie ein Jäger und ein Reitknecht als Bediente teil. Nicht aber nur diese für einen regierenden Fürsten unüblich kleine Suite, nicht nur der Kreis der Teilnehmenden und der Zeitpunkt der Reise – es stand der Winter bevor – regten zu offener oder versteckter Kritik des Hofes und der städtischen Philister an. Vor allem anderen war es der bekannte Wagemut, ja Leichtsinn Carl Augusts, der in den Augen Vorsichtiger das riskante Unternehmen zum tollen Wagnis machte. Immerhin war eine Schweizreise seinerzeit durchaus ein abenteuerliches Vorhaben, was Goethe, der das Land zum zweiten Male bereiste, aus eigener Kenntnis beurteilen konnte. Die Reise blieb denn auch nicht frei von zahlreichen Fährnissen, wie sie von Goethe, seinem Diener Seidel und anderen überliefert worden sind,[30] insgesamt aber bewältigte der indirekt die Verantwortung des Unternehmens innehabende Wirkliche Geheimrat Goethe die Aufgabe mit Bravour: den Herzog, der lange Jahre nicht die beste Gesundheit aufzuweisen hatte, fand man nach den kräftigenden Bergtouren gestärkt und »wohl aussehend«[31], und der Reiseführer Goethe wurde nach dem glücklich beendeten Wagestück enthusiastisch gefeiert: »Jederman ist mit ♃ sehr zufrieden preist uns nun und die Reise ist ein Meisterstück! eine Epopee!«[32] Natürlich konnte die Heranbildung des jungen Herzogs auch danach noch nicht als abgeschlossen gelten – »das Kind und der Fischschwanz gucken eh man sich's versieht wieder hervor«[33], urteilte Goethe am 10. März 1781 gegenüber seiner Vertrauten Charlotte von Stein –, aber der Grund, an dessen Befestigung Görtz, Knebel, Wieland und andere gearbeitet hatten, war fester geworden. Weitere bedeutende Männer, wie z.B. der am 12. Juni 1776 unter Goethes Mitwirkung als Generalsuperintendent nach Weimar berufene Johann Gottfried Herder, kamen zum Kreis um den Herzog hinzu und wirkten, direkt oder indirekt, an seiner Formung mit. Was der neunzehnjährige Carl August in jenem Schreiben an Fritsch vom Mai 1776 unbewußt prophetisch mit einigem Pathos über seinen Mentor geäußert hatte, bestätigte sich schon bald glänzend: »… einsichtsvolle Männer wünschen mir Glück, diesen Mann zu besitzen.« Des Herzogs Werden und Wollen war in den ersten Jahren der Herrschaft untrennbar mit dem letzten Endes wohltuenden Einfluß Goethes verbunden; beiden vermittelte die Bekanntschaft mit dem jeweils anderen wertvolle Lebensimpulse.

DER GATTE
Zwischen Hessens Louise und Jagemanns Caroline

Carl August an Wieland   *Karlsruhe, den 29. Dezember 1774*
Ein bißchen spät komme ich dazu, Ihnen, lieber Freund, zu antworten, aber ich konnte nicht eher schreiben. Leute, wie wir, brauchen sich nicht gegeneinander zu entschuldigen, wir sind Freunde auf immer und ewig.

Ich habe meine Louise gefunden, wie ich sie nur wünschen konnte; sie ist nicht schön, aber ihre Liebe und das Gefühl, geliebt zu werden, macht sie unendlich angenehm. Sie ist von mittlerer Größe, etwa wie Fräulein v. Stein. Ihre Augen sind groß und kornblumenblau, voll von sinnigem Wesen. Nase und Mund sind klein, das Gesicht wohlgebildet. Ihr Herz ist edel, frei und stark. Wenn man mit ihr spricht, ist sie sehr einfach; sie liebt mit Wärme und Echtheit. Die Tugend ist ihre Gottheit. Sie lobt selten, aber, wen sie ihrer Achtung würdigt, der kann gewiß sein, daß sie jede Gelegenheit suchen wird, um ihre Gunst zu vergrößern. Sie ist sehr dankbar, und es ist ihr innige Freude, wohlzutun. Alle diese guten Eigenschaften besitzt sie, ohne sie im mindesten zur Schau zu tragen. Sie besitzt diejenige große Eigenschaft, welche Lessing im Tellheim so sehr veredelt, nämlich, nie von einer Tugend zu reden, die sie besitzt, es sei denn die höchste Not...

Ich habe die Bekanntschaft Goethes gemacht, der Sie sehr schätzt; ich kenne auch Klopstock, der mir manchmal gut gefällt, denn, wenn ich sagen darf, er scheint mir zu oft daran zu denken, daß er Klopstock ist, und dieses Gefühl hat offenbar ein wenig das Verständnis für die Größe anderer erdrückt...

Man weiß hier wenig von guter deutscher Literatur.

Nächste Woche wollen wir nach Straßburg abreisen. Ich verlasse meine Louise wirklich sehr ungern. Aber wie alles Ding unter dem Mond seine Zeit hat, so hat mein Aufenthalt und mein Brief die seinige. Die letzte Wahrheit befiehlt mir zu schließen. Leben Sie wohl, und behalten Sie denjenigen in freundschaftlichem Angedenken, welcher mit Leib und Seele, ganz und gar der Ihrige ist.

Carl August, H. z. S. W.[34]

Am 3. Oktober 1775 ehelichte der Herzog zu Sachsen-Weimar Louise Auguste, Tochter des Landgrafen Ludwig IX. von Hessen-Darmstadt. Es war eine dynastische Verbindung, aber sie kam nicht ohne Gefühl zustande; es wurde eine konfliktreiche Ehe, der sieben Kinder entsprossen. Eine idyllische Zweisamkeit

Carl August, Öl a. L. von D. J. E. Heinsius, 1781

Louise, Öl a. L. von G. M. Kraus, um 1775

war von vornherein ausgeschlossen, aber auf dem Theatrum mundi spielten beide ihre Rollen in guter Abstimmung.

Louise wurde am 30. Januar 1757 in Berlin geboren, da ihr Vater, Erbprinz Ludwig, seinen militärischen Ambitionen folgend, sich gerade im preußischen Militärdienst befand. Politische Rücksichten zwangen den im Range eines Generalleutnants stehenden Darmstädter Prätendenten, im Oktober 1757 den Dienst bei König Friedrich II. zu quittieren. Louise, fünfte und letzte Tochter der Caroline von Hessen, einer geborenen Prinzessin von Pfalz-Zweibrücken-Birkenfeld, verbrachte dann glückliche Kindheitsjahre in der ländlichen Abgeschiedenheit von Buchsweiler unweit von Bergzabern. Noch in »Dichtung und Wahrheit« erinnerte sich Goethe der »völlig paradiesischen Gegend«[35] zwischen Vogesen und Elsaß, die bis 1765 Louises Heimat war. Familiäre Rücksichten erzwangen in diesem Jahr die Übersiedlung in das Darmstädter Schloß. Drei Jahre später, 1768, wurde Louises älteste Schwester Karoline mit dem Landgrafen von Hessen-Homburg verheiratet. Ein Jahr darauf, im Juli 1769, vermählte man die zweitälteste, Friederike, mit dem späteren König Friedrich Wilhelm II. von Preußen. Drei Prinzessinen, Amelie, Wilhelmine und Louise, hatte die Landgräfin somit noch standesgemäß zu kopulieren, und darauf richtete sie auch alle ihre Hoffnungen, mußte sie doch mit ihren Töchtern in Darmstadt, unter drückendem Geldmangel, eine durchaus unstandesgemäße Lebensweise in Kauf nehmen. »Sie gehen in Zitz«, schrieb der nachmalige preußische Staatskanzler von Hardenberg süffisant in sein Reisetagebuch, »und man sollte sie nicht für Prinzessinnen ansehen. Man ißt schlecht bei Hof und alles sieht mustricht aus. Die Offiziers erscheinen sehr negligeant, in Stiefeln u.s.w. Hofkavaliere gibt es hier gar nicht, alles wird durch Offiziers versehen, die zum Teil aussehen wie alte Korporals.«[36]

Als glänzende Perspektive erschien unter diesen Umständen der von Friedrich II. von Preußen angeregte, politisch und dynastisch motivierte Vorschlag an die Zarin Katharina II., unter den drei darmstädtischen Prinzessinnen die künftige Gemahlin des russischen Thronfolgers Paul zu erwählen. Die dazu notwendige weite und beschwerliche Reise traten Mutter und Töchter im Mai 1773 an; als Rechnungsführer nahm Johann Heinrich Merck, Goethes Darmstädter Jugendfreund, an dieser Brautfahrt teil. Auf der Zeil in Frankfurt, einer der ersten Stationen, sah Goethe Louise zum ersten Male – »seit jener ersten Bekanntschaft blieb ich ihr treu ergeben«[37] –, und in Erfurt, beim kurmainzischen Statthalter Carl Theodor von Dalberg, hatten die Reisenden eine weitere zufällige Begegnung, die bedeutungsvoll werden sollte, die nämlich mit Anna Amalia und ihren beiden Söhnen. Über Potsdam – Travemünde – Reval führte der Weg dann direkt zu Katharina der Großen nach Petersburg. Auf Wilhelmine, die mittlere der drei Schwestern, fiel

J. v. Stein, Öl a. L.
von D. J. E. Heinsius, um 1772/75

schließlich die Wahl der Kommission, ein Vorgang, den man mit Karl-Heinz Hahn, der sich allgemein auf das übliche Schicksal von Töchtern fürstlicher Familien bezog, zu den »traurigsten Kapiteln der Humangeschichte«[38] rechnen kann. Am 10. Oktober 1773 fand die Hochzeit in Peterhof statt. Der um Prinzessin Amelie werbende Erbprinz Karl Ludwig von Baden, der zeitweilig zugunsten der ergiebigeren russischen Revenuen hatte zurücktreten müssen, kam nun wieder zum Zuge und am 22. Januar 1775 zu einer kirchlich angetrauten Gattin. Zwei harte Schicksalsschläge hatten im Jahr zuvor Amelie und Louise, die jüngste, getroffen: mit Großmutter und Mutter verloren sie innerhalb einer Woche die beiden nächststehenden Menschen. Dieser schmerzliche Verlust prägte das Wesen der siebzehnjährigen Louise, die schüchtern, ja gehemmt und verkrampft war, auf das nachhaltigste. »Wenig Biegsamkeit des Charakters« hatte ihr die Mutter nachgesagt;[39] das schmerzliche Gefühl, allein zurückgeblieben zu sein, die notgedrungene Übersiedlung an den Hof der Homburger Verwandten förderten die Veranlagung Louises zur Introvertiertheit, die später zu einer der ehelichen Konfliktquellen wurde.

Vermutlich bei dem Erfurter Zusammentreffen hatte es zwischen der Landgräfin Caroline und der Weimarer Regentin Anna Amalia erste, noch vage Absprachen gegeben. Im Herbst 1774 signalisierte der Weimarer Hof über Dalberg sein Interesse für die Tochter Ludwigs IX. nach Hessen; Carl August wie auch Louise, bald in die diplomatischen Bemühungen einbezogen, standen dem Heiratsplan wohlwollend gegenüber. Das vereinbarte gegenseitige nähere Kennenlernen wurde von seiten Carl Augusts sehr forciert betrieben, da in dem Erbprinzen von Mecklenburg überraschend ein ernst zu nehmender Konkurrent auf dem Plan erschienen war. Vor diesem Hintergrund begann am 7. Dezember 1774 jene Reise Carl Augusts, seines Bruders Constantin, des Grafen Görtz, Knebels und Steins nach Karlsruhe, wo die Brautleute offensichtlich sehr bald gegenseitige Sympathien entwickelten und entsprechende praktische Schritte einleiteten: am 19. Dezember bat Carl August seine Mutter um ihr offizielles Jawort zum geplanten Verlöbnis. Wie gefühlsbetont er in dieser Zeit noch seine Braut sah, verrät der eingangs zitierte Brief an Wieland.

Von Karlsruhe reiste die Weimarer Gesellschaft zu Beginn des Januars 1775 weiter nach Straßburg; Carl August kehrte zur Verlobungsfeier noch einmal nach Karlsruhe zurück, um dann mit den anderen nach Paris aufzubrechen.

Von dem siebzehnjährigen künftigen Ehemann war nicht zu erwarten, daß er in der Residenz König Ludwigs XVI. nur an die in Karlsruhe zurückgelassene Verlobte dachte; sinnlich veranlagt, stürzte sich Carl August mit jugendlichem Ungestüm in die Genüsse, die das bunte Treiben der französischen Kapitale bereithielt. Während des mehrmonatigen Aufenthalts verliebte sich der Weimarer Erbprinz zunächst unsterblich in die Mätresse des Prinzen von Condé. War dies noch ein gängiges Spielchen innerhalb der kapriziösen blaublütigen Gesellschaft, so gab er sich andererseits durchaus auch handfesteren Vergnügungen hin, die nicht ohne Folgen blieben: seit 1776 ließ er an eine Jeanette Brossard in Eperney eine jährliche Rente von 500 Franken auszahlen.

Nach Carl Augusts Rückkehr aus Frankeich wurde der Ehekontrakt ausgefertigt. Am 18. September reiste der Herzog, volljährig geworden, zur Hochzeit nach Karlsruhe ab, die dort am 3. Oktober 1775 feierlich über die Bühne ging. Carl August war damit auch eine politisch bedeutsame Verbindung eingegangen: Über seine Schwägerinnen war er nunmehr versippt mit fünf regierenden bzw. in absehbarer Zeit regierenden Fürsten und deren Häusern, darunter den Hohenzollern in Berlin und den Romanows in Petersburg.

Das jungvermählte Paar konnte als ideal gelten: Der Weimarer Fürst war jung, voller Feuer und Unternehmungsgeist, zu den größten Hoffnungen Anlaß gebend, ein zeitgemäßer Sturm-und-Drang-Typ, Louise, eine äußerlich ansehnliche

Louis XVI.,
Punktierstich von D. Berger, 1792

Erscheinung, still und zurückhaltend, gebildet und auf Formen Wert legend, die Verkörperung weiblicher Tugend. Als dem Herzog und seiner Gemahlin am 17. Oktober bei ihrem Einzug in Weimar ein glänzender Empfang bereitet wurde, war noch nicht absehbar, daß es keine ideale, sondern eine höchst komplizierte Zeit der Gemeinsamkeit werden sollte, der beide entgegengingen.

Louise sah sich gleich mehreren Problemen gegenüber. Obwohl regierende Herzogin, stand sie von Anfang an hinter der dominanten und unternehmungslustigen Herzoginmutter, der gerade sechsunddreißigjährigen Anna Amalia, zurück. Eine kritisch-kühle Reserviertheit blieb denn auch zwischen den beiden Frauen zeitlebens bestehen. Dazu kam das nach Goethes Ankunft in Weimar sich schnell ausweitende kraftgenialische Treiben des Freundeskreises um Carl August. Die dabei veranstalteten Possen und Streiche, insbesondere auch die permanenten »Formlosigkeiten« ihres Ehemannes, seine Vorliebe für Hunde, Pferde und Jagd, sein polterndes Auftreten verletzten die feinfühlige, auf höfische Etikette und vornehme Zurückhaltung ausgerichtete Wesensart Louises. Carl Augusts häufige Abwesenheit, die weitgehend fehlenden Kontakte zu den Weimarer Hofkreisen – nur Charlotte von Stein wäre als Bezugsperson zu nennen –, der vorerst ausbleibende Kindersegen verstärkten noch die Verschlossenheit und Ungeselligkeit der Weimarer Herzogin, was wiederum Carl August mehr und mehr verdroß. Die Unvereinbarkeit beider Naturen und die Weimarer Verhältnisse der Jahre

1775/76 mußten zwangsläufig zu ehelichen Mißhelligkeiten führen. Am 27. Januar 1776 berichtete Goethe Charlotte von Stein, diskret auf eine solche Zwistigkeit anspielend, daß Louise dem Herzog einer »Kleinigkeit« wegen »hefftig« widersprochen habe.[40] Und um die gleiche Zeit veranlaßte ihn ein ähnlicher Vorfall zu den folgenden Bemerkungen an Charlotte: »Groser Gott ich begreife nur nicht, was ihr Herz so zusammen zieht. Ich sah ihr in die Seele, und doch wenn ich nicht so warm für sie wäre, sie hätte mich erkältet. Ihr Verdruss über's Herzogs Hund war auch so ersichtlich. Sie haben eben immer beyde unrecht. Er hätt ihn draus lassen sollen, und da er hinn war hätt sie ihn eben auch leiden können.«[41] Der feinsinnige Wieland klagte am 4. März 1776 gegenüber Lavater: »Warum kann Carl August den Engel nicht aus meinen Augen sehen? Warum kann Louise den edlen, guten, biederherzigen, wiewohl auf halbem Wege verunglückten Heros C[arl] A[ugust] nicht mit meinen Augen sehen? – Warum? – Warum? – Was helfen alle die Wenn's und Warum's. 'S ist nun so, und soll so sein – wie alles übrige.«[42] Ein Brief Charlotte von Steins an den befreundeten hannöverschen Arzt Johann Georg von Zimmermann faßte die ganze Mißlichkeit der Situation in wenigen Worten zusammen: »Unser ganzes Glück ist hier verschwunden, unser Hof ist nicht mehr was er war. Ein Fürst, unzufrieden mit sich und der ganzen Welt, der täglich sein Leben aufs Spiel setzt, obgleich er wenig Gesundheit hat, es zu erhalten, ein noch schwächlicherer Prinz, eine mißvergnügte Mutter, eine unzufriedene Gattin. Alles gute Menschen, die aber nicht zusammen passen.«[43] Die Konstellationen waren psychologisch voller Spannung und nicht ohne Verfänglichkeiten: dem Vertrautenpaar Goethe – Carl August stand in den achtziger Jahren die Vertrauensverbindung Johann Gottfried/Caroline Herder – Louise gegenüber. Herder war durch Goethes Vermittlung von Carl August als höchster kirchlicher Würdenträger nach Weimar berufen worden; seine Frau Caroline, geb. Flachsland war Louise aus Darmstädter Zeiten bekannt und vertraut. Daneben hatte sich die Hofdame Charlotte von Stein, Goethes Mentorin, sehr bald eine Vertrauensstellung bei Louise erworben. Goethe war damit geradezu prädestiniert, in diesem vielfach verwobenen Beziehungsgeflecht als Vermittler zu fungieren, was er, selbst erfüllt von sympathischen Gefühlen für Louise, auch oft tat.

Am 3. Februar 1779, nach mehr als dreijähriger Ehe, wurde Louise von ihrem ersten Kind entbunden, das tags darauf auf die Namen Louise Auguste Amalie getauft wurde. An dieser Tochter hing Louise sehr; es war für sie ein fast vernichtender Schicksalsschlag, als das Kind am 24. März völlig überraschend am Stickfluß starb. »Die Mutter, die man nicht hatte wecken wollen, hatte nicht einmal die letzten Momente des sterbenden Kindes genossen«[44], schrieb die Fürstin von Dessau an den mit Louise befreundeten Lavater. Wieland berichtete Merck von

Carl Augusts tiefer Depression bei dem plötzlichen Verlust des Mädchens. »Er ward bei dieser Gelegenheit an Geberde als ein Mensch erfunden, so gut wie unsereiner, welches ihm zum Ruhme nachgesagt sei.«[45] In den Jahren bis 1792 brachte die Weimarer Herzogin noch sechs weitere Kinder zur Welt, von denen nur drei am Leben blieben: der am 2. Februar 1783 geborene Erbprinz Carl Friedrich, die am 18. Juli 1786 geborene Prinzessin Caroline und der am 30. Mai 1792 geborene Prinz Bernhard. Die Verluste oder Totgeburten von vier Kindern verstärkten Louises resignative und depressive Stimmungen, ließen den spröden Charakter noch herber, die hoheitsvolle Zurückhaltung noch ausgeprägter, die schlichte Ernsthaftigkeit noch tiefer werden. Auch mehrere Kuren, z.B. in Pyrmont, vermochten daran nichts zu ändern. Von einem asketischen, äußerlich unbeteiligt erscheinenden römischen Geist, der auch die mütterlichen Gefühle Louises bestimmt habe, spricht in diesem Zusammenhang die Biografin der Herzogin.[46]

Die Briefe, die Carl August 1779/80 von der Reise in die Schweiz nach Weimar an Louise sandte, atmen durchweg die kühle Distanz, die in jenen Jahren trotz der Existenz des Töchterchens zwischen beiden herrschte. Mit »liebe Frau« wird die Daheimgebliebene in Weimar angeredet, mit »adieu« recht förmlich verabschiedet; das »vergiß mich nicht« in einem Brief aus Bern vom Oktober 1779[47] oder gar das »hab mich ein bißchen lieb«, geschrieben auf der Rückreise in Frankfurt am 4. Januar 1780,[48] nehmen sich da schon ganz auffällig aus.

Nach der Rückkehr aus der Schweiz begann sich die Entfremdung zwischen Carl August und Louise noch zu vertiefen. Nicht schuldlos daran war die Neigung des Fürsten zu der Gräfin von Werthern-Neunheiligen, einer Schwester des älteren Freiherrn vom Stein, mit dem der Weimarer Herzog im Zusammenhang mit den Bemühungen um die Gründung des Fürstenbundes bestens bekannt war. Jeanette Louise von Werthern war in unglücklicher Ehe mit dem kursächsischen Geheimen Rat Grafen Jakob Friedemann von Werthern verbunden; beide lebten auf Gut Neunheiligen bei Langensalza, wo sie von Goethe und Carl August mehrfach besucht wurden. Die Affäre mit der schönen Gräfin zog sich hin, bis sie Ende der achtziger Jahre von der Beziehung zu der kunstsinnigen Engländerin Emilie Gore abgelöst wurde.

In den Jahren nach 1780 aber beherrschte Jeanette Louise Carl Augusts Herz; und auch Goethe stand im Banne der außergewöhnlichen Persönlichkeit der Gräfin. Der Graf, der eine Zeitlang als Gesandter in Madrid gelebt hatte, trug den Spitznamen »spanischer Werther« und galt als vertrottelter Sonderling. Ein Blick in die Goethesche Korrespondenz des Jahres 1781 läßt das Verhältnis zwischen Carl August und seiner Angebeteten sowie indirekt das zwischen ihm und seiner Gattin

Mr. laf. se Werthern, née.

*J. L. von Werthern-Neunheiligen,
Schattenriß von unbekannt, um 1780*

Louise erahnen. Am 7. März schrieb Goethe an Charlotte von Stein aus Neunheiligen: »Der Ritt hierher war ein bittrer Bissen, besonders die lezten Stunden, wo es feinen Regen im Winde trieb. Der Herzog hat einen entsezlichen Schnuppen, mir ists ganz wohl bekommen und wir sind hier gar artig. ...[-] Unsre Wirtinn ist ein zierliches Wesen, und er hat sich noch ganz gut gehalten. Seine Narrheit nehm ich für bekannt an und toll ist er noch nicht gewesen.«[49] Am nächsten Tag, der Herzog hatte noch immer »einen entsezlichen Schnuppen der ihn in der Sozietät nicht sehr interessant seyn läßt«, schwärmte Goethe von der Gräfin, die »liebenswürdig, einfach, klug, gut, verständig, artig pp. alles was Sie wollen« sei.[50] Zwei Tage später nahm er den Gedanken in einem weiteren Brief an Charlotte wieder auf: »In ihr ist eine Richtigkeit der Beurtheilung, ein unzerstörliches leben und eine Güte die mir täglich neue Bewundrung und Freude machen. Sie ist dem Herzog sehr nützlich, und würde es noch mehr seyn, wenn die Knoten in dem Strange seines Wesens nicht eine ruhige gleiche Aufwicklung des Fadens so sehr hinderten.«[51] Und fast euphorisch seine Beurteilung der gräflichen Erscheinung am 11. März: »Dieses kleine Wesen hat mich erleuchtet. Dieses *hat Welt* oder vielmehr sie *hat die Welt,* sie weis die *Welt zu behandeln* (la manier) sie ist wie Quecksilber das sich in einem Augenblicke tausendfach theilt und wieder in eine Kugel zusammenläuft. Sicher ihres Werths, ihres Rangs handelt sie zugleich mit einer Delikatesse und Aisance die man sehn muß um sie zu dencken. Sie scheint iedem das seinige zu geben wenn sie auch nichts giebt, sie spendet nicht, wie ich

48

andre gesehn habe, nach Standsgebühr und Würden iedem das eingesiegelte zugedachte Packetgen aus, sie lebt nur unter den Menschen hin, und daraus entsteht eben die schöne Melodie die sie spielt daß sie nicht ieden Ton sondern nur die auserwählten berührt. Sie tracktirts mit einer Leichtigkeit und einer anscheinenden Sorglosigkeit daß man sie für ein Kind halten sollte das nur auf dem Klaviere, ohne auf die Noten zu sehen, herumruschelt, und doch weis sie immer was und wem sie spielt. Was in ieder Kunst das Genie ist, hat sie in der Kunst des Lebens.«[52]

Jeanette Louise hatte offensichtlich ein Flair, das Carl August bei Louise völlig vermißte und das gerade deshalb seine intellektuellen und sinnlichen Ansprüche reizte. Hält man der Goetheschen Schilderung des Wesens der Gräfin Werthern eine scharfsinnige Beschreibung der Persönlichkeit Carl Augusts aus der Feder Mercks entgegen, so wird deutlich, daß sich beide wechselseitig inspirieren mußten. Merck schrieb am 9. Januar 1778 an Lavater: »Der Herzog ist einer der merkwürdigsten Jungen Leute, die ich je gesehen habe. Das tiefste Gefühl für Schönheit der Natur in Bäumen u. Menschen, das er wie einen Schaz im Busen trägt, voller Taciturnität, u. einer unglaublichen Toleranz gegen alles Schiefe, was ihn an Menschen u. Sachen umgiebt. Seine Liebe zum häuslichen, u. freund-schafftlichen Leben, kurz seine Popularität ward mir in kurzem so heilig, daß ich nicht weiß, wie man diesen Menschen manquiren kan, u. wenn man auch zehn Jahre mit ihm in einem Zimmer schliefe, u. Tobak rauchte. Ist er unter vier Augen, so läßt er sich zwar in seinen Anmerkungen heraus, u. diese sind so scharf, u. treffend, daß man nicht begreiffen kan, wie ein Junger Mensch von 20 Jahren u. Ein Mann von Gewalt, von diesem scharfen Kritischen Sinn keinen Mißbrauch machen mag. Er riecht Schmeicheleyen, sogar solche die Goethen gemacht werden, auf hundert Meilen weit.«[53]

In den neunziger Jahren, da mit der Geburt eines zweiten Prinzen die dynastische Thronfolge abgesichert erschien und Louise durch die zahlreichen Schwanger-schaften zunehmend kränklicher und leidender geworden war, suchte sich die Vitalität Carl Augusts das, was sie ihm nicht mehr geben konnte, anderwärts. So hatte der Herzog einen Sohn mit der Schauspielerin Luise Ruddorf, die später die Gattin Knebels wurde. Die Liebschaft des Herzogs mit einer französischen Emigrantin im Sommer 1794 wurde zum Gegenstand eines Artikels im »Moniteur«.[54] Im Wissen um dieses Verhältnis, so der »Moniteur«, seien so viele französische Flüchtlinge nach Eisenach und Weimar gereist, daß die Lebensmittel-preise angestiegen wären.

Ende der neunziger Jahre knüpfte Herzog Carl August jene Ehebeziehung »linker Hand« zu der Schauspielerin und Sängerin Caroline Jagemann, die lange Jahre anhielt und 1809 mit der Erhebung Carolines in den Adelsstand als Freifrau von

E. Gore, Öl a. L.
von F. A. Tischbein, 1795

Heygendorf eine rechtliche Institutionalisierung erfuhr. Louise, die einen gesell-schaftlichen Eklat zu vermeiden gezwungen war, blieb dabei von Anfang an nichts übrig, als das sehr schnell öffentlich gewordene Verhältnis würdevoll-klug zu ignorieren. Drei Kinder hatte Carl August mit Caroline Jagemann; ein Viertel seiner Privatausgaben verschlang diese Nebenehe, beispielsweise durch die Einladung der Sängerin zu den adelssteifen Hofbällen. Carolines Wohlbefinden war dem Herzog so wichtig, daß er bei bevorstehenden Entbindungen die Straßen vor der Stadtkirche, in deren Nähe sich das Haus der Jagemann befand, mit Stroh auslegen ließ, um das Geratter der Kutschen zu dämpfen. Das Haus selbst, das sogenannte »Deutschritterkomturhaus«, eines der prächtigsten Renaissancehäuser Weimars, hatte der Herzog 1808 seiner Geliebten zum Geschenk gemacht. Es liegt nur wenige Meter vom Schloß entfernt, was dem nachts vermummt durch die stillen Gassen Schleichenden sehr zupaß kam. Das Stroh wiederum lieferte den Anlaß für ein Pasquill – »Huren müssen auf Stroh sterben« –, das die Stadtpolizei eiligst von der Hauswand beseitigen ließ.

Caroline Jagemann entstammte einer angesehenen Weimarer Gelehrtenfamilie; früh in ihren Talenten gefördert und sängerisch ausgebildet, war sie als Schau-

C. Jagemann,
Aquarell von unbekannt, undatiert

spielerin von 1797 bis 1828 an der Weimarer Bühne engagiert, wo sie als Mätresse Carl Augusts bald eine unangefochtene Stellung innehatte. 1817 verstand sie es, in einer Streitigkeit ihren Willen durchzusetzen und Goethe aus der Leitung des großherzoglichen Hoftheaters zu verdrängen. Spannungen zwischen dem recht streng das Theater regierenden Intendanten Goethe und der privilegierten Aktrice hatte es zuvor bereits mehrfach gegeben. Aus dem Jahre 1804 ist überliefert, daß Goethe eine kritikwürdige Leistung der Schauspielerin in der Rolle der Iphigenie mit den bissigen Worten kommentierte: »Wenn sie nicht für ihr ganzes Leben hier in Weimar engagiert wäre, würde ich sagen: die jage man!«[55] Schließlich war es jedoch Goethe selbst, der das Theater verlassen mußte. Carl August suspendierte 1817 seinen Freund »von denen Verdrießlichkeiten der Theater Intendanz …, hoffend, daß der verminderte Verdruß« Goethes »Gesundheit und Lebensjahre vermehren« möge.[56]

Louises und Carl Augusts Verhältnis verbesserte sich durch die politischen Gemeinsamkeiten, die die Ereignisse der napoleonischen Fremdherrschaft und der Befreiungskriege hervorbrachten. Gemeinsam war ihnen die Unantastbarkeit der herkömmlichen Standesordnung, das fürstliche Selbstgefühl. Des Herzogs wie auch der Herzogin ausgeprägte deutschnationale und propreußische Gesinnung ließ beide im Jahr 1806 an exponierter Stelle gegen Napoleon agieren. Carl August kommandierte im Herbst 1806 einen preußischen Vorstoß gegen die Mainlinie, indes der französische Kaiser bereits die Entscheidungsschlachten von Jena und Auerstedt, also auf sachsen-weimarischem Gebiet, führte. Louise, als einzige der herzoglichen Familie tapfer im Weimarer Schloß zurückgeblieben, erlebte nach dem 14. Oktober die wilde Flucht der Preußen durch die Stadt und die anschließende Plünderung und Brandschatzung der Residenz. Sie bestand das nachfolgende nervenaufzehrende Gegenüber mit dem siegreichen französischen Herrscher, der sich von der Persönlichkeit der Fürstin sichtlich beeindruckt zeigte. Die gefaßte Haltung der Herzogin in schwerer Zeit nötigte Carl August hohen Respekt ab; zunehmendes Alter und wachsende Abgeklärtheit haben das Verhältnis beider weitgehend normalisiert und die Basis für ein festes Vertrauens- und Freundschaftsverhältnis während der späten Lebensjahre gelegt. Im Oktober 1825 beging das großherzogliche Paar feierlich das Fest der goldenen Hochzeit. Dem 1828 verstorbenen Carl August folgte zwei Jahre später, am 14. Februar 1830, Großherzogin Louise, die sanft und ohne Todeskampf im Kreise der Angehörigen verschied.

DER POLITIKER
Vom Fürstenbund zum Großherzog

Carl August an den Grafen Johann Eustachius von Görtz   18. November 1785
Die bedenkliche Lage Deutschlands und das Interesse Preußens gaben Anlaß, eine
Union der Reichsfürsten zu wünschen; Preußen brachte sie als Reichsstand in
Vorschlag, und da es zu weitläufig und ungewiß gewesen wäre, erst im Reiche
herum zu werben und erst viele Stimmen zu sammeln, um zu schließen, so
verbanden sich Preußen, Hannover und Sachsen ad interim mit einander in der
Hoffnung, daß mehrere Reichsstaaten beiträten, sich mit verbinden und die Union
dadurch reichsverfassungsmäßig konsolidieren würden; der Sinn dieser
Verbindung also war, wie es auch aus allen Akten hervorleuchtet, daß es keine
bloße Allianz der drei mächtigen Höfe sein sollte, sondern daß es eine Union des
Reichs in dem möglichst weitesten Sinne werden sollte; es sollten sich auch die
Fürsten, die beitraten, nicht bloß mit Preußen, Sachsen und Hannover verbinden,
sondern alle Beigetretenen zusammen sollten untereinander einen Körper
ausmachen, eine Reichsunion bilden, die die Erhaltung Deutschlands in seiner
Verfassung befestigte und ihm die Stärke gäbe, welche das deutsche Reich haben
kann, wenn es zusammen verbunden nach einerlei patriotischen Zwecken handelt.
*   Wenn dieses der rechte Gesichtspunkt ist, nach welchem man die Unionen*
beurteilen soll, nach welchem gearbeitet werden muß, so folgt mancherlei daraus,
hauptsächlich aber eine allgemeine Kommunikation aller beigetretener Reichs-
stände unter einander, une relation mutuelle entre toutes les parties de l'union, also
nicht bloß z. B. von Preußen zu Weimar oder Anhalt, sondern von Weimar zu Gotha,
von Anhalt zu Baden, von Baden zu Preußen, zu Hannover usw. Zeither ist man
aber von der genauen Beobachtung dieses Sinnes der Union abgegangen, Preußen,
Sachsen und Hannover haben bloß mit denen Ständen, die jeder einzeln zur Union
angeworben hat, kommuniziert (und nicht kommuniziert); diese drei Höfe, die
Stifter der Verbindung, haben an jene Beigetretenen Akzeptationsakten ausgestellt,
die Beigetretenen aber, welche nach der Akzeptakte als Mitkontrahenten angesehen
werden sollen, haben diese Annahmsakte nicht gegeneinander ausgestellt; daraus
ist nun, dünkt mir, entstanden, daß die Union das Ansehen gewonnen hat, als wenn
solche bloß eine Verbindung zwischen denen ersteren Stiftern der Union wäre, zu
welcher der und jener nur bloß angenommen worden und diese und jene verlieren

dadurch das eigentliche Recht und Ansehen derer Kontrahierenden, sie können bloß als Anhängsel, welche willkürlich angenommen, werden, zur Tripelallianz betrachtet werden; es entsteht daraus, daß die Union mehr den Charakter einer dreifachen Verbindung als eine wahre Reichsunion bekömmt. Diesem falschen Scheine abzuhelfen und der Union ihre wahre Gestalt zu geben, wären zwei Punkte hilfreich; diese zu bestimmen und unmaßgeblich vorzuschlagen ist der Zweck meines Briefes; aus meinen Desideratis werden Sie sie leicht erraten, es sind folgende:

1) Es müßten die drei zuerst verbundenen Höfe, welche von Rechts wegen bloß als der Typus und die Richtschnur der Union, nicht aber wie die ganze Union angesehen werden sollten, denen nach ihnen die Union mitknüpfenden Fürsten genaue Nachricht legali modo [beglaubigter Art] von denen Fortschritten der Union, von den neuen Mitgliedern und von denen Bedingnissen dieses und jenes mitteilen; die Akzessionsakten der Neuangeworbenen kommunizieren, diesen oder jenen um Rat fragen, wie die Union zu vergrößern sei, wer einzuladen sei, ihnen sagen, wen sie einzuladen wünschten, machen ersuchen, sich mit der Einladung eines Dritten zu befassen, erlauben, daß wir Mindermächtigere ihnen hie und da gute Vorschläge täten, uns dazu aufmuntern und kurzum alles dasjenige tun, was zu einer freundschaftlichen Korrespondenz unter verbundenen Fürsten gehört, uns wie ihresgleichen behandeln und uns soviel wie möglich mit dem Aussehen schmeicheln, als wenn wir an der Führung der Union vielen Teil hätten. Wie diese Kommunikation einzurichten wäre, ob sie jeder der drei Erstverbundenen mit denen, welche ein jeder angeworben hätte, bloß gepflogen oder aber z. B. Preußen mit Gotha (welches Hannover angeworben hat), und Hannover mit Anhalt oder Weimar sich unterhielte, lasse sich dahin gestellt sein; immer glaube ich, daß je mutueller die Korrespondenz geführt würde, desto besser es für die allgemeine Sache wäre und desto mehr allgemeineres Zutrauen und Einigkeit erhalten würde.

2) Um diejenigen, welche später als Preußen, Gotha und Sachsen zur Bildung der Union beigetragen hätten, das wirkliche Ansehen als Kontrahenten und Paziszenten zu verschaffen, wäre nötig, daß selbige sich nach der Älte (anciennité) ihres Beitritts Akzeptationsurkunden in dem Maße ausstellten, wie es Preußen, Gotha und Sachsen gegen uns getan hat, das heißt, daß z.B. Anhalt an Weimar, Gotha, Mainz, Baden, Braunschweig, Hessen, so wie Weimar an Vorbenannte, mit Ausschluß Anhalts, weil dieses älter im Beitritt ist, Akzeptationsakten ausstellen, und so in diesem Maße weiter.

Dieses waren nun die Gedanken, die ich Ihnen mitzuteilen, über die ich Ihren Rat einzuholen und Ihre Einwirkung, sie auszuführen, wünschte; auf letztere baue ich sicherlich, wenn Ihnen meine Vorschläge zu gefallen das Glück hätten. Prüfen und erwägen Sie selbige genau und sagen mir Ihre Meinung darüber mit derjenigen Aufrichtigkeit, welche ich an Ihnen gewohnt bin.

Wenn dieses die rechten Mittel sind, der Union die gewünschte, bestimmte und erwartete Form zu geben, wenn Sie dadurch beitragen, dem großen Werke ein allgemeines Vertrauen und unserm Vaterlande ein ständiges und festes Ansehen zu geben, so bin ich gewiß, sollte auch der Hof, dem Sie jetzt dienen, ein wenig das Ansehen der Oberdirektion der Union dadurch verlieren, Sie werden alles anwenden, Deutschland diesen Dienst zu leisten. So innig ich persönlich dem preußischen Hause und denen Individues desselben ergeben bin, so muß ich doch meines Standes nach noch mehr dem allgemeinen Ansehen meines Vaterlandes und des Staates, dessen Glied ich bin, anhänglich sein. Sie werden hoffentlich diese Gesinnungen nicht mißbilligen, da Sie so viel beigetragen haben, mir Patriotismus einzuflößen.

Behalten Sie mich lieb, Herr Graf, und leben wohl. Carl August, Herzog.[57]

Die politische Verfassung des zersplitterten Deutschlands war durch die Folgen des Dreißigjährigen Krieges in der zweiten Hälfte des 17. und im Verlaufe des 18. Jahrhunderts immer zerrütteter geworden. Der Aufstieg Brandenburg-Preußens und der einsetzende Verfall des Habsburgerreiches, mit dem die deutsche Kaiserkrone in Personalunion verkettet war, brachte im Reich einen politischen Dualismus hervor, der erst im 19. Jahrhundert mit der kleindeutschen Reichseinigung von oben zugunsten Preußens entschieden und abgeschlossen wurde.

Die kleineren deutschen Fürsten vermochten in den bewegten Jahrzehnten des Epochenumbruchs, gipfelnd in der Französischen Revolution und der nachfolgenden Ära Napoleons, ihre Politik nur sehr beschränkt autonom zu gestalten. Dennoch verfolgte Carl August, der sich bewußt in der Nachfolge großer und ungleich mächtigerer Vorfahren sah, voller Ehrgeiz weitreichende politische Ziele, die freilich im Mißverhältnis zur territorialen Kleinheit und ökonomischen Dürftigkeit des eigenen Ländchens standen.

Das liebe heilge römsche Reich
Wie hälts nur noch zusammen?[58]
dichtete der junge Goethe bereits im »Urfaust«, und er brachte in der Endfassung der Szene »Auerbachs Keller« die Reaktion Branders auf diese Liedzeilen in die Worte:

Dankt Gott mit jedem Morgen,
Daß ihr nicht braucht für's Röm'sche Reich zu sorgen![59]

55

Das Heilige Römische Reich Deutscher Nation befand sich 1775, als Carl August, ein unerfahrener Neuling auf dem diplomatischen Parkett, die Regierung antrat, bereits in einem fortschreitenden Verfallsprozeß. Die Kabinettspolitik der vielen deutschen Staaten hatte im 18. Jahrhundert zu einem von Uneingeweihten kaum noch durchschaubaren diplomatischen Gewirke geführt, dessen geheime Fäden in Wien und Berlin, in London, Paris und Petersburg gesponnen und zu unsichtbaren Netzen imperialer und dynastischer Politik zusammengeknüpft wurden. Carl Augusts Versuche, sich wenigstens für einen eigenständigen Part in diesem vielstimmigen Konzert deutscher Politik zu empfehlen, zielten auf die Gründung eines deutschen Fürstenbundes ab, der sich als unabhängige dritte Kraft zwischen den beiden großen deutschen Herrscherhäusern, den Habsburgern und den Hohenzollern, sowie den vielfach mit ihnen verflochtenen außerdeutschen Interessen behaupten sollte. Die Quellen dieses Fürstenbundes waren recht unterschiedlich, ja teils divergierend und schrieben sich u. a. aus alter Zeit her: die Behauptung der fürstlichen Libertät gegenüber den kaiserlichen Befugnissen, der Drang einiger geistlicher Reichsfürsten nach einer katholischen deutschen Nationalkirche, die Forderungen nach einer höchst notwendigen Reichsreform, die an die alten Gravamina der deutschen Nation erinnerten, etwa die föderative Reichsverfassung, die Reichsgesetzgebung, die Reichskriegsordnung, Verwaltung, Binnenzölle und Münzgesetzgebung.

Carl August selbst, in dem mehrere dieser durchaus nicht deckungsgleichen Bestrebungen im Bund aufeinanderprallten, befand sich dabei in einem gewissen Zwiespalt: da war einmal seine verwandtschaftliche Bindung an das preußische Herrscherhaus, die ihn fast zwanghaft auf die Seite der Hohenzollern und in deren machtpolitischen Konflikt mit dem habsburgischen Kaiserhaus führte; zum anderen hatten seine großen wettinischen Vorfahren des 16. Jahrhunderts – von Friedrich dem Weisen bis zu Johann Friedrich – eine nicht nur vom Kaiser unabhängige Politik angestrebt, die freilich letzten Endes gescheitert war.

Die Mitstreiter des Weimarer Fürsten, Verwandte, persönliche Freunde und politische Bundesgenossen, fanden sich in Süd- und Mitteldeutschland, den traditionellen Gebieten kleinstaatlicher Zersplitterung. In Süddeutschland waren es der Markgraf Carl Friedrich von Baden und dessen Minister Wilhelm von Edelsheim, die mit Carl August Anfang der achziger Jahre gleiche Ziele verfolgten. Carl Friedrich, wesentlich älter als sein Weimarer Partner, hatte 1775 seinen Sohn, Erbprinz Carl Ludwig, mit Amelie von Hessen-Darmstadt, einer Schwester von Carl Augusts Gattin Louise, vermählt und stand damit zum Weimarer Hof auch in verwandtschaftlichen Beziehungen. Bis zur Mainzer Koadjutorwahl 1787 lag auf dieser Achse Weimar-Baden das Schwergewicht der

Carl Friedrich von Baden,
Kupferstich von J. E. Nilson
nach G. N. Fischer, undatiert

Bemühungen um einen Fürstenbund. Ein weiteres Zentrum war zeitweilig der Mainzer Hof mit dem Kurfürsten und Erzbischof von Mainz Friedrich Carl Joseph Freiherrn von Erthal, zu dem Carl August allerdings nie in ein solch vertrautes Verhältnis trat wie zu dessen Bruder, dem Fürstbischof von Würzburg und Bamberg Franz Ludwig Freiherrn von Erthal. Eine spezielle Rolle in diesem Beziehungsgeflecht spielte die Nichte des Kurfürsten, Sophie von Coudenhove, geborene Gräfin von Hatzfeld, mit der sich Carl August nicht nur politisch verbunden wußte, sondern die ihn auch mit ihrem eigenwilligen Privatleben zu fesseln vermochte.[60]

Einen besonderen Platz nahm in Carl Augusts Überlegungen und Plänen der mit ihm befreundete kurmainzische Statthalter in Erfurt, Carl Theodor Freiherr von Dalberg, ein, der nicht zuletzt dank des Weimarer Herzogs intensiven diplomatischen Bemühungen 1787 Koadjutor von Mainz wurde. Der feinsinnige Schöngeist Dalberg, vielseitig interessiert und gebildet, seit Anna Amalias Zeiten eng verbunden mit den Weimarer Künstlerkreisen, war allerdings ein durchaus unpolitischer Kopf und konnte die hochgesteckten Hoffnungen, die die Gesinnungsgenossen auf ihn setzten, nicht erfüllen. »Kein rechtes Kind dieser Welt« nannte ihn Goethe schon 1780 und sah zugleich Dalbergs Scheitern voraus,[61] was

Leopold Friedrich Franz von Dessau,
Kupferstich von L. Buchhorn,
undatiert

schließlich auch eintraf: nach dem kometenhaften Aufstieg zum Großherzog von Frankfurt endete er, verachtet von den Patrioten, im geschichtlichen Abseits.

In Mitteldeutschland zählten Herzog Ernst von Gotha, gleichfalls der Ernestinischen Linie des Hauses Wettin zugehörig, und dessen Minister Silvius Ludwig von Franckenberg zu den Verfechtern der Fürstenbundidee. Weiter nördlich war es Fürst Leopold Friedrich Franz zu Dessau, der zu Carl August in ein freundschaftliches Verhältnis trat, aus dem politische Gemeinsamkeiten erwuchsen. Herzog Carl Wilhelm Ferdinand von Braunschweig, ein Onkel mütterlicherseits des Weimarer Herzogs, kam seit 1775 in eine immer vertrautere Beziehung zu Carl August und muß zumindest zu den Sympathisanten der Fürstenbundidee gerechnet werden.

Bevor es am 23. Juli 1785 in Berlin zum sogenannten »Assoziationstraktat«, der Grundlage des Bündnisses, kam, hatte König Friedrich II. von Preußen freilich die Entwicklung längst in seinem Sinne, d. h. hausmachtpolitisch, zu beeinflussen gewußt.[62] Es wäre vorauszusehen gewesen, daß Carl August an seinen teils verworrenen, teils idealen Vorstellungen, konfrontiert mit den realpolitischen Machtplänen Preußens, Abstriche machen mußte. Fast folgerichtig orientierte sich der junge Weimarer Herrscher in seiner politischen Entwicklung nach 1785 mehr und mehr auf Preußen. Seinem Großonkel, dem greisen König Friedrich dem

Großen, brachte er eine grenzenlose, kritiklos aufschauende Verehrung entgegen; an den Thronfolger dagegen, seinen Schwager Friedrich Wilhelm, knüpfte er große praktische Hoffnungen. Nach dem Tode Friedrichs II. und der Thronbesteigung Friedrich Wilhelms II. 1786 mußte Carl August allerdings die Hinfälligkeit dieser Erwartungen erkennen; zugleich wandelte sich auch sein Verhältnis zu dem preußischen Minister Ewald Friedrich Graf von Hertzberg von politischer Aufgeschlossenheit zu Verachtung und bitterer Feindschaft. Wichtige Personen in Carl Augusts Werdegang als Politiker waren nicht zuletzt sein ehemaliger Erzieher Johann Eustachius von Görtz, seit 1787 preußischer, badischer und weimarischer Gesandter am Reichstag in Regensburg, und vor allem der preußische Hofjägermeister Johann Friedrich Reichsfreiherr vom Stein, älterer Bruder des nachmaligen Reformers.[63] Mehrfach reiste Carl August in diplomatischer Mission zu seinen Gesprächspartnern; am 28. Januar 1786 wurde er beispielsweise von Friedrich dem Großen in Berlin empfangen, bei welcher Gelegenheit er den preußischen Orden vom Schwarzen Adler erhielt. Den alten Preußenkönig, dessen gesundheitlicher Zustand die Nähe des Todes ahnen ließ, verglich Carl August unmittelbar nach seiner Audienz mit einem »zusammengeschmolzenen Licht«, das anfange, »seinen Leuchter glühend zu machen; einzelne aufschlagende Strahlen und eine große Schnuppe« – so im Brief vom 26. Dezember 1785 an Knebel – »kündigen die nahe Verlöschung an«.[64] Am 17. August 1786 trat jenes erwartete und zugleich befürchtete Ereignis ein: Friedrich II. starb in Potsdam.

Im Zusammenhang mit der Durchsetzung der Wahl Dalbergs zum Koadjutor von Mainz unternahm Carl August 1786/87 mehrere Reisen an deutsche Höfe. Im November 1786 weilte er in dieser Angelegenheit in Dessau und Berlin. Anfang des Jahres 1787 reiste er nach Mainz und Karlsruhe, nachdem er zuvor noch in Erfurt bei Dalberg gewesen war, schließlich im Februar zurück nach Potsdam und Berlin. Am 1. April 1787 wurde Dalberg in das Amt gewählt, wobei 20 000 Dukaten den entscheidenden Ausschlag zugunsten des Erfurter Statthalters gegeben haben dürften, wenn Carl August auch »die geprägten Mittel«, die bei der Wahl eingesetzt wurden, nicht des Nennens für wert hielt.[65]

Mitte des Jahres 1787, parallel zur Verlagerung der Dominanz über den Fürstenbund auf Preußen, begannen die innerdeutschen Fragen gegenüber dringlichen außenpolitischen zurückzustehen. Im September 1787 trat Carl August in das preußische Heer ein, am 25. September wurde er mit königlichem Befehl zum Generalmajor ernannt. Den Krieg mit Holland erlebte er als Freiwilliger, bevor er am 16. Dezember 1787 zum Chef des Kürassier-Regiments von Rohr Nr. 6 berufen wurde, das seinen Standort in Aschersleben hatte. Mit dem Eintritt in die militärische Laufbahn, die zunehmend den Politiker Carl August in den Hintergrund drängte, begann eine Periode im Leben des Weimarer Herzogs, die, in vielfältigen Wechselwirkungen mit den Ereignissen der Französischen Revolution und ihren Folgen verflochten, das politische Gebilde Sachsen-Weimar-Eisenach an den Rand des Unterganges führte; letztlich verdankte es der in preußischen Diensten stehende Herzog nach der katastrophalen Niederlage Preußens in der Schlacht bei Jena und Auerstedt 1806 nur seinen dynastischen Verknüpfungen mit dem russischen Zarenhaus, daß sein Fürstentum überhaupt erhalten blieb. Knebels briefliche Warnung vom 14. November 1786 fand somit eine späte Erfüllung: »Lassen Sie sich nie [durch] die schöne äußerliche Ordnung [in Preußen] verführen, das Kommando über fremde Leiber jener bessern Herrschaft [im eigenen Lande] vorzuziehen noch Ihre Kräfte einem fremden Staate zu geben, die Ihnen selbst und den Ihrigen gehören.«[66] Im gleichen Sinne hatte Goethe auf den unternehmungsfreudigen, heißspornigen Herzog einzuwirken gesucht. Am 28. Oktober 1784 schrieb ihm der in die politischen Ambitionen eingeweihte Geheime Rat, daß es, »obgleich das Schachspiel dieser Erde nicht genau zu kalkuliren ist, und ein fehlerhafter Zug manchmal Vortheil bringt«, doch weitaus klüger sei, »Menschen und Verhältnisse selbst [zu] sehn und in der Folge entweder sich zurücke [zu] ziehn, oder aus eigner Erfahrung, Trieb und Überzeugung [zu] handlen«. Und im übrigen: »Wie sich auch ihr Geschäffte wendet, betragen Sie Sich mäsig, und ziehn Sich wenn es nicht anders ist heraus, ohne Sich mit denen zu überwerfen die Sie hineingeführt und kompromittirt haben.«[67] Deutlicher durfte selbst Goethe nicht mahnen; die Standesschranken geboten auch dem Freund die gebührende Zurückhaltung gegenüber dem Fürsten.

Carl August indes verfolgte in den Jahren 1787 und 1788 weiter seine Idee einer Reichsreform, deren Ziel die Überarbeitung und Modernisierung der anachronistischen, längst nicht mehr den europäischen Realitäten entsprechenden Verfassung des Heiligen Römischen Reiches Deutscher Nation war. Im Dezember 1787 schrieb er in einer Denkschrift, eine deutsche Union setze »die Vereinigung der Gesinnungen und aller Kräfte zur Erreichung eines gemeinschaftlich überlegten, gemeinnützigen Endzwecks« voraus; bei aller Unterschiedlichkeit der Reichsteile seien »doch Gesetzgebung, Verwaltung der Reichsgerichte und ausübende Gewalt der Gesetze für alle gleich wichtige Gegenstände«. In der Verbesserung der Gesetzlichkeit, in der Hebung und Durchsetzung der Zivil- und Kriminalgesetzgebung und in der Neueinteilung der Reichskreise sah Carl August »das stärkste Band« der Einheit Deutschlands, »das edelste und gewiß auch das sicherste Benehmen, um die nur zu sehr erloschene Vaterlandsliebe ... allgemein aufleben zu machen«.[68] Der strikten Forderung Carl Augusts an den Kurfürsten von Mainz, der als Reichserzkanzler entsprechende Vollmachten besaß, durch ein öffentliches

Rundschreiben die Einberufung eines allgemeinen Fürstenbundkongresses vorzubereiten, wich Erthal, Form- und Verfahrensfragen vorschützend, diplomatisch aus. Den Todesstoß erhielten die hochfliegenden Pläne Carl Augusts in Berlin. Da der Minister Hertzberg, der die politischen Geschicke Preußens lenkte, indes sich Friedrich Wilhelm II. dem Genußleben hingab, den Wiener Hof nicht zu Gegenmaßnahmen reizen wollte, empfahl er dem König, Carl August für seine vaterländischen Bemühungen Dank auszusprechen und im übrigen ohne »unnützes Aufsehen« mit dem Mainzer Kurfürsten zu verhandeln[69] − womit die Angelegenheit wie Wasser im Sande verlief. Hertzberg, von Carl August verächtlich »Junker Plump von Pommerland« genannt, erwies sich immer deutlicher als der Hauptgegner der Reichsreformpläne.

Letzte Versuche der Wiederbelebung des Fürstenbund-Unternehmens scheiterten zu Beginn des Jahres 1788; Carl August mußte mehrere Jahre gehegte Pläne und Hoffnungen endgültig als gescheitert betrachten. Wie deprimiert und hoffnungslos er bereits im März 1788 die Aussichten seiner politischen Zielsetzungen beurteilte, verrät ein selbstironischer Brief an Frau von Coudenhove: »Meine teuerste Gattin im Fürstenbund! Es scheint, meine teuerste Ehehälfte, daß es Gott gefällt, daß wir uns scheiden lassen werden, weil wir das häßlichste Affenweib zur Welt gebracht haben, das die Erde je getragen hat. Seine Eltern mißbilligen es, und man wird es ins Wasser werfen müssen, anstatt es zu taufen. Zum Teufel mit dem Fürstenbund, den Fürsten und den Verbündeten. Ich fahre als Erster zur Hölle, vorausgesetzt, daß ich dort keinen meiner Mitstände treffe; sonst rette ich mich aus Verzweiflung ins Paradies. Was die Minister angeht, so werde ich sie weder dort oben noch dort unten finden, sie werden sich in jener Wolke befinden, wo Swedenborg die unschuldigen Kinder unterbringt, die gestorben sind, ohne die Möglichkeit zu sündigen erlangt zu haben.«[70]

Im Laufe des Jahres 1788 zog sich Carl August, bitter enttäuscht, aus der großen Politik zurück und widmete sich mehr und mehr seinen Kürassieren in Aschersleben. Von einer ganz unerwarteten Seite her wurde er jedoch ein Jahr später erneut in das politische Spiel gebracht. Durch die mit Zwangsmaßnahmen verbundenen Reformbemühungen Josephs II. hatten sich in den achtziger Jahren zwischen dem Wiener Hof und dem Königreich Ungarn, das mit Österreich in Personalunion verbunden war, immer schärfere Spannungen aufgebaut.[71] Von verschiedenen ungarischen Patrioten wurde in dieser Situation die Einführung eines von Wien unabhängigen Wahlkönigtums betrieben, und sie richteten ihr Augenmerk dabei verständlicherweise auf politische Parteien, die gleichlaufende Interessen vertraten. Carl August als einer der rührigsten Initiatoren des Fürstenbundes schien für derartige Pläne die geeignetste Persönlichkeit zu sein. So tauchten im Verlaufe des

Kanzler F. v. Müller, Öl a. L.
von H. C. Kolbe, undatiert

Jahres 1789 in Weimar, Braunschweig und Berlin mehrfach - als Weinhändler getarnt - ungarische Abgesandte der Reichshauptkanzlei von Ofen auf, um entsprechende Verhandlungen zu führen. Carl August, der auch vom preußischen König Friedrich Wilhelm II. als einziger ernst zu nehmender Kandidat angesehen wurde, verhielt sich vorsichtig und abwartend, war aber zu Gesprächen bereit. Allerdings flößten ihm weder die Unterhändler noch der Plan selbst genügend Vertrauen ein. Goethe, inzwischen aus Italien zurückgekehrt, den hochfliegenden politischen Ambitionen Carl Augusts stets abhold, warnte den Herzog zudem vor dem offenkundigen Abenteurertum eines Strebens nach der ungarischen Königskrone. Carl August war das klassische Beispiel, das die deutsche Geschichte für einen solchen Fall bereithielt, durchaus im Bewußtsein: »Der Gedanke dieser Herren, sich schon jetzt einen König aus dem Kreise des Deutschen Reiches zu wählen, erweckt in mir die Erinnerung an jenen unglücklichen Pfalzgrafen, der in Böhmen den Beinamen des Winterkönigs erwarb«[72], schrieb er am 6. Dezember 1789 an den preußischen Minister Bischoffwerder. Nicht zuletzt hatte der mit politischen und kriegerischen Auseinandersetzungen verbundene, ganz Europa beschäftigende Niedergang der polnischen Adelsrepublik seit der ersten Teilung des Landes 1772 die Gefährdungen und Schwächen eines Wahlkönigtums deutlich zutage treten lassen.

Indessen waren in Europa Ereignisse eingetreten, die sowohl den Fürstenbund als auch die Frage eines ungarischen Thronprätendenten erledigten: am 14. Juli 1789 stürmte das Volk von Paris die Bastille und setzte damit die Französische Revolution in Gang, deren Folgen in den kommenden Jahren alle europäischen Staaten betrafen. Am 20. Februar 1790 starb Kaiser Joseph II.; aus dem Widerstand gegen diesen Habsburger hatte der sich auflösende Fürstenbund einen Großteil seiner schwindenden Kräfte bezogen. Angesichts der in Frankreich sich abzeichnenden revolutionären Umwälzungen legten die konkurrierenden deutschen Feudalmächte Preußen und Österreich ihre Fehde bei; der Aufmarsch der preußischen Armee in Schlesien im Sommer 1790, an dem Carl August teilnahm, führte nicht zum militärischen Schlagabtausch, sondern zur Reichenbacher Konvention vom 27. Juli 1790.

Für den Weimarer Herzog trat in den folgenden Jahren das soldatische Dasein in den Vordergrund. Bis zur folgenschweren Niederlage von 1806 gehörte er − mit Unterbrechungen − der preußischen Armee an und kämpfte schließlich während der Befreiungskriege neuerlich gegen Napoleon. Bei den schwierigen diplomatischen Missionen der Jahre 1806/07, in denen es um existentielle Fragen des Herzogtums ging, mochte Carl August in eigener Person lange Zeit nicht mit dem Franzosenkaiser verhandeln; diese delikate Aufgabe übernahm der spätere Weimarer Kanzler Friedrich von Müller.

Im November 1813, nach dem Eintritt Carl Augusts in die Allianz der Gegner Napoleons, wurde ihm die Führung des unter russischem Oberbefehl stehenden dritten deutschen Armeekorps übergeben. Kern dieses Truppenkörpers waren die Streitkräfte des Königreichs Sachsen, das bis zuletzt mit Napoleon verbündet gewesen und deshalb als feindliches Land behandelt worden war. Dem sächsischen König Friedrich August I., als russischer Staatsgefangener nach Berlin verbracht, schien die Absetzung zu drohen. Angesichts dieser Konstellation glaubte Carl August die historische Stunde heranreifen zu sehen, in der die dereinst − nach der verlorenen Mühlberger Schlacht von 1547 − an die albertinischen Vettern abgetretenen ernestinischen Reichstitel und sächsischen Kurlande an sein Haus zurückfallen könnten. Unterstützt von protestantischen Parteigängern in Sachsen, trug der Weimarer Herzog seine Vorstellungen an den russischen Zaren heran, von dem er sich zusätzlichen verwandtschaftlichen Beistand versprach. Maßlos war er enttäuscht, als ihm im Mai 1814 Zar Alexander I. in Paris eröffnete, daß er auf die sächsische Königswürde nicht hoffen dürfe, da das Land als Entschädigung für Preußen vorgesehen sei (was freilich auch nicht dem monarchischen Legitimitätsprinzip entsprochen hätte). Anderweitige Forderungen des Herzogs, z. B. die auf Einverleibung des Erfurter und Fuldaer Gebiets, sollten auf dem Wiener Kongreß entschieden werden. Dieser wurde am 17. September 1814 eröffnet und währte bis zum 2. Juni 1815. Trotz verschiedener Bedenken hielt der Herzog seine persönliche Anwesenheit in Wien für so wichtig, daß er neben der offiziellen Weimarer Verhandlungsdelegation – Kammerpräsident Ernst August Freiherr von Gersdorff, Obermarschall Kajetan Graf Edling und Premierleutnant Ottokar Thon – am Kongreß teilzunehmen beschloß. Rechtlichen Beistand leistete den Weimarern der Göttinger Gelehrte Georg Sartorius.

Die Wiener Verhandlungen der europäischen Herrscher sind als »tanzender Kongreß«, mehr aber noch als unrühmliches Exempel feudalen Länder- und Völkerschachers in die Geschichte eingegangen. Die polnischen und die sächsischen Fragen als die schwierigsten Verhandlungspunkte führten zu einem monatelangen diplomatischen Tauziehen der beteiligten Mächte um territoriale und politische Ansprüche. Auch Carl August spielte bei dem Kongreß keine rühmliche Rolle; »sein Trachten ging im Grunde doch nur auf Vermehrung seines Landbesitzes und auf Erhöhung seiner fürstlichen Geltung«[73] aus.

Mit seinem ständigen Reisebegleiter, dem Geheimen Kanzleisekretär Vogel, und dem General Ludwig Freiherrn von Wolzogen, einem gebürtigen Thüringer, der in russischen Diensten stand, brach Carl August am 10. September von Weimar auf und traf am Eröffnungstage der Konferenz in Wien ein. Das Logis, das man wählte, war »wohlfeil«: eine 12-Zimmer-Suite gegenüber der Leopoldstadt für 1000 sächsische Taler monatlich. Carl August, von seinen Badereisen her mit zahlreichen Fürstlichkeiten bekannt, stürzte sich in das luxuriöse Leben am Rande des Kongresses; den Polizeiakten zufolge kam er nie vor 2 Uhr nachts nach Hause. »Durchl. Herzog speißen heute beym Fürsten Lichtenstein, zu welchem Diner auch die Majestäten sich einfinden. Abends ist Souper und Ball bey Zichy, morgen Diner, Souper und Ball bey Rasomowsky, künftigen Mittwoch noch ein größerer Ball bey Metternich«, schrieb Vogel nach Weimar.[74] Jagden, eine davon im westungarischen Eisenstadt, wo die Eszterhazy residierten, und andere Vergnügungen unterbrachen die kräftezehrende Kette von Festen und Bällen. Auch ein Abstecher nach Ofen, der ungarischen Königsresidenz, wurde unternommen. Es entsprach freilich auch dem Wesen Carl Augusts, daß er sich für das kulturelle und wissenschaftliche Leben Wiens interessierte: er besuchte Museen und Sammlungen, Parks und Orangerien – weniger dagegen Konzert- und Theatersäle –, verglich mit den Weimarer und Jenaer Gegebenheiten, um möglicherweise Nutzen daraus zu ziehen. Trotz Geldnot tätigte er Erwerbungen für die Universität Jena.

C. W. N. L. von Metternich,
Kupferstich von unbekannt, undatiert

Am 5. April 1815 wurde Carl August der Titel eines Großherzogs zuerkannt, am 1. Juni folgte eine Konvention, die Sachsen-Weimar-Eisenach einen erheblichen Gebietszuwachs versprach, der dann 78 000 Seelen »Gewinn« erbrachte. Carl Augusts Freund, der Reichsfreiherr vom Stein, hatte zu dieser Entscheidung maßgeblich beigetragen.[75]

Wichtiger als die Vergrößerung des Landes war jedoch die damit verbundene, 1816 in Kraft getretene sachsen-weimarische Staatsverfassung, »eine Art markanter Punkt auf der verschlungenen Linie moderner deutscher Staatsentwicklung«[76]. In dieser Verfassung fanden sich konstitutionelle Vorstellungen Steins wieder, z. B. das Recht des Landtags, über die Bewilligung von Steuern zu entscheiden, die angemessene Vertretung der Bauern im Landtag oder die Pressefreiheit. Das »Grundgesetz über die landständische Verfassung des Großherzogtums Sachsen-Weimar-Eisenach« brachte dem populären Weimarer Fürsten nicht nur bei der akademischen Jugend den Ruf ein, als einziger deutscher Herrscher sein »Wort gehalten« zu haben, schrieb Artikel 13 der Bundesakte von 1815 doch die Pflicht zur Einführung von Verfassungen fest. Nicht ohne Grund wurden Weimar und Jena in den Jahren bis 1818 patriotisch-publizistische Zentren in Deutschland, nahm die burschenschaftliche Bewegung von hier ihren Ausgang, fand das Wartburgfest

1817 in Carl Augusts Landen statt. »Altbursche von Weimar« lautete deshalb das abfällige Urteil des österreichischen Staatskanzlers Fürst Metternich über Carl August. Die letzten Jahre im diplomatischen Wirken des Großherzogs waren dann vor allem bestimmt von dem Bemühen, an der Gründung eines mitteldeutschen Zollvereins mitzuwirken.

Carl Augusts Rolle als Politiker war widersprüchlich. Eine patriotische Erklärung, die der Dreißigjährige am 6. Februar 1787 in einem Schreiben an Frau von Coudenhove formuliert hatte, macht den inhaltlichen Anspruch deutlich, unter dem der Weimarer Herzog angetreten war, dem der Großherzog, eingebunden in seine fürstlich-aristokratische Existenz, aber schließlich nicht gerecht werden konnte: »Da ich die Ehre habe, ein Bürger Deutschlands zu sein, muß ich den lebhaftesten Anteil an allen Ereignissen nehmen, die mein Vaterland betreffen können.«[77] Goethes huldigende Worte in den »Venetianischen Epigrammen« von 1790 mögen als Epilog auf die eigentlich bedeutsame Phase im Leben des Politikers Carl August, auf die Jahre der Reichsreformpläne, begriffen werden:

Klein ist unter den Fürsten Germaniens freilich der meine;
Kurz und schmal ist sein Land, mäßig nur, was er vermag.
Aber so wende nach innen, so wende nach außen die Kräfte
Jeder; da wär's ein Fest, Deutscher mit Deutschen zu sein.[78]

DER OFFIZIER
Napoleons glücklos-glücklicher Widersacher

Carl August an Herzogin Louise   *Havelberg 27. Oktober 1806*
Herr von Spiegel hat mich vorgestern getroffen. Eine Abteilung der Truppen meines
Kommandos hatte sich nach Hameln zu auf den Marsch begeben, und indem er ihr
in dem Glauben nachfolgte, mich dort zu finden, ist dieser täuschende Umstand
nebst einigen andern schuld geworden, daß er mich so spät erreicht hat.

Ich habe den sächsischen Hauptmann von Bose an den König von Preußen mit
der Bitte abgefertigt, daß mein Bataillon unverzüglich nach Weimar abgehe und
Seine Majestät entscheide, ob ich jetzt mit Ehren aus Deren Diensten treten könne
oder nicht. Ich erwarte täglich die Antwort.

Du weißt, daß ich in der letzten Zeit keinen Einfluß in Berlin gehabt habe, daß ich
dort nicht beliebt war und daß ich den preußischen Dienst in diesem Sommer würde
verlassen haben, hätten mich nicht die Gesetze der Ehre gezwungen, dem Heer in
diesen Kriege zu folgen. Ich stehe bei diesen Fahnen bereits 20 Jahre, ich konnte
mich nicht davon lossagen ohne einen Fleck, und überall ist die Überzeugung, seine
Pflicht getan zu haben, und ein reiner Name der einzige wahre Trost, der uns nicht
verläßt, wenn uns das Unglück der äußeren Güter beraubt.

Mir ist bekannt, daß der Kaiser den Soldaten ehrt, der seinem Beruf ergeben ist,
er wird mich also nicht mißachten können. Sein Wille wird über das Schicksal
meiner Familie und meines Landes entscheiden. Es ist zu hoffen, Seiner
Kaiserlichen Majestät hohe Milde werde diesem siegreichen Monarchen billige
Entschließung für unser Sachsen eingeben. Es ist in seiner Hand. Ich wünsche, daß
Seine Majestät sich besänftigt und mir ihre Achtung schenke.

Über das, was du für Weimar getan hast, die Standhaftigkeit und den Mut, mit
dem du die Drangsale trugst, gibt es nur e i n e Stimme. Einzig Dein eigenes
Bewußtsein kann Dir völlig lohnen. Du hast Dir einen Ruhm erworben, würdig der
vergangenen Zeiten. Die Vorsehung segne Dich und lasse Dich die Frucht Deiner
guten Handlungen ernten!

Ich schreibe sonst keinem Menschen als Dir. Teile dies alles wörtlich dem Geh.
Rath Voigt und Wolzogen mit. Ich sende Herrn von Spiegel über Hamburg, daß er
meinem ältesten Sohn die Weisung bringe, zu Dir zurückzukehren. Ich glaube, daß

er ihn dort finden muß. An Hinzenstern hab' ich bereits vor einigen Tagen
geschrieben, daß er mit Bernhard nach Weimar zurückkehre.
Lebe wohl, meine Teure! Mögest Du glücklich sein, wie Du es verdienst.

C. A., H. v. W.[79]

Einen klassischen Gang nach Canossa hatte Herzog Carl August vor sich, als er sich in Dresden am 18. Juli 1807 anschickte, erstmals Napoleon Bonaparte gegenüberzutreten. Es ist kaum nachvollziehbar, welcher Widerstreit der Gefühle den Fünfzigjährigen beherrscht haben muß. Unvereinbare Gegensätze trafen aufeinander: auf der einen Seite der deutsche Herzog, zutiefst durchdrungen von altfürstlichem Selbst- und Sendungsbewußtsein, auf der anderen der französische Kaiser, in den Augen Carl Augusts letztlich ein Parvenü, ein Kumpan von Königsmördern, ein Thronräuber. Doch er, Carl August, der ehemalige preußische General, war der Verlierer, mit seinem König blamabel geschlagen, der vor dem selbstgefälligen und machtbewußten Sieger bittfällig zu erscheinen hatte. Carl Augusts Hoffnung auf ein Votum des Zaren Alexander, dessen Schwester Maria Pawlowna seine Schwiegertochter war, hatte sich nicht erfüllt, und so mußte der Herzog schweren Herzens dem immer heftigeren Drängen seiner Berater Voigt und Wolzogen nachgeben, die eine Begegnung mit Napoleon als einzige Rettung für das Herzogtum ansahen. Die rational schwer bis ins letzte erklärbare tiefe Antipathie zwischen Carl August und Napoleon verfestigte sich bei diesem Zusammentreffen, und das unauslöschbare Mißtrauen des Korsen gegenüber dem unruhigen und dickköpfigen Weimarer Herzog führte in der Folge noch zu zahlreichen Spannungen. Es verwundert deshalb nicht, daß Carl August über seine Dresdner Büßergänge 1807 an Wolzogen schrieb: »Ich habe die zehn unangenehmsten Tage meines Lebens überstanden.«[80]

Der schon in den Kindheits- und Jugendjahren, in zunehmendem Maße dann nach der Übernahme der Herrschaft für das Militärische sich begeisternde Herzog von Weimar – hierin in der unrühmlichen Tradition vieler deutscher Duodezfürsten – hat manche Höhen und Tiefen bei dem Verfolg dieser Passion erlebt. Nach seinem Eintritt ins preußische Heer im September 1787 avancierte er sehr schnell in den standesgemäßen Rang eines Generalmajors und übernahm ein Kürassier-Regiment in Aschersleben, wo er sich in der Folgezeit pflichtgemäß auch oft aufhielt. Während sich der Truppenaufmarsch in Schlesien 1790 schließlich mit dem höfischen Zeremoniell in Breslau erledigte – der Reichenbacher Vertrag beendete formell die Zwistigkeiten zwischen Preußen und Österreich –, erlebte der Kavallerie-General Carl August seine erste wirkliche militärische Bewährungsprobe während der Campagne in Frankreich 1792, deren Verlauf der ihn begleitende Goethe Jahrzehnte später in seinem autobiographischen Werk beschrieben hat.

Das herzogliche Regiment, bereits im Mai 1792 in Aschersleben mit der Marschordre versehen, hatte noch in den Aufbruchswirren den Besuch des Oberkommandierenden, des Herzogs von Braunschweig, erlebt und war dann unter Carl Augusts Führung westwärts marschiert; vorbei am Harz und dem Städtchen Goslar ging es nach Northeim und Göttingen, dann nach Koblenz. »Der Einmarsch nach Frankreich«, so wurde es dem im Lager von Longwy am 28. August eintreffenden Goethe von den Offizieren des Regiments und den anwesenden »Hof-, Haus- und Canzleigenossen« berichtet, erfolgte – ein erstes böses Omen – »in dem schrecklichsten Wetter« und »ward als höchst unerfreulich und als würdiges Vorspiel« des Kommenden beschrieben.[81] Requirierend und relativ unbehelligt rückte der Heerwurm der Preußen, Österreicher und Emigrierten in Frankreich westwärts bis ins Lager vor Verdun; die Stadt ergab sich nach mehrstündigem Bombardement am 2. September. Bei ständig schlechter werdendem Wetter zog die 50 000-Mann-Armee weiter, schließlich Bagage und Troß in Erwartung einer bevorstehenden Schlacht zurücklassend. Goethe hatte sich der Leibschwadron des Herzogs angeschlossen, die als die vorderste Kolonne des Vortrabs agierte. Am 19. September, zu Beginn der berühmten Kanonade von Valmy, geriet die Reiterabteilung des Herzogs von Weimar bei der Berührung mit den Truppen des französischen Generals Kellermann in das Bombardement einer eigenen Batterie, was symptomatisch für die uneinheitlich-wirre Armeeführung durch den preußischen König und den Herzog von Braunschweig war: »… die Kugeln schlugen dutzendweise vor der Escadron nieder, zum Glück nicht ricochetirend, in den weichen Boden hineingewühlt; Koth aber und Schmutz bespritzte Mann und Roß«; nur dem Zufall war es zu danken, daß es keine Verluste gab, da doch – so Goethe – »wir übrigen, besonders auf dem äußersten rechten Flügel, eigentlich alle hätten umkommen müssen«.[82]

Der Verlauf der Schlacht, die eigentlich eine Kanonade aus festen Stellungen heraus war, ist hinlänglich bekannt wie auch ihr Ergebnis. Am Abend des 20. September war es offenkundig: »… unbeweglich standen die Franzosen …; unsere Leute zog man aus dem Feuer zurück, und es war eben, als wenn nichts gewesen wäre«[83], erinnerte sich Goethe, mit diesen lapidaren Worten das Pendant liefernd für jenen viel berühmteren, oft zitierten Satz vom nunmehrigen Beginn einer neuen Epoche der Weltgeschichte, bei dem man dabeigewesen sei. Der weitere Gang der Dinge war durchaus ohne weltgeschichtliches Pathos. Mit beginnender Nacht setzten Sturm und Regen ein, die den Lagerplatz in einen Schlammpfuhl verwandelten. Zum psychischen Verfall der Truppen gesellte sich das zunehmende

physische Übel, der Mangel an Brot, Getränk und Obdach. Mit der herein-
brechenden Nacht wühlten sich die Husaren und Kürassiere in den lehmigen
Boden, um notdürftig Schutz zu finden. »Der Herzog von Weimar selbst
verschmähte nicht eine solche voreilige Bestattung«[84], notierte der Chronist, damit
die soldatische Haltung des Regimentschefs charakterisierend, der in dieser Stunde
der Not keine herzoglichen Attribute mehr für sich beanspruchte.

Mit dem Erreichen der Bagage hatte Carl August in den nächsten September-
tagen wieder sein Zelt zur Verfügung, in dem sich die Offiziere abends zusammen-
fanden: »... jeder brachte seine Nachricht, seine Vermuthung, seine Sorge als
Beitrag in diesen rathlosen Rath, denn es schien durchaus nur ein Wunder uns retten
zu können«[85], hielt Goethe die gedrückte Stimmung in des Herzogs Umgebung
fest. Am 29. September konnte auch das Regiment Weimar »den ahnungsvollen
Rückzug«[86] antreten. Anfang Oktober vollzog sich dieser Trauermarsch noch
relativ geordnet. »Der Herzog von Weimar führte die Avantgarde und deckte
zugleich den Rückzug der Bagage«[87], vor Grandpré bereiteten Carl Augusts
»Kämmerier und Koch« noch ein wohlschmeckendes Linsengericht, das sogar der
preußische Kronprinz und Prinz Louis Ferdinand als Gäste nicht verschmähten.
Dann aber nahm die allgemeine Katastrophe mit bestürzender Schnelligkeit zu:
Pferde fielen aus, die Bagage wurde ständig reduziert, Fahrzeuge mußten
zurückgelassen werden. Am 8. Oktober trennte sich Goethe von dem Regiment;
»auf gnädigste vorsorgliche Anmahnung« Carl Augusts begleitete er eine »traurige
Lazarethfahrt« nach Verdun,[88] um dann in Trier, immer noch verfolgt vom bösen
Kriegsdämon, am 29. Oktober wieder mit dem Herzog zusammenzutreffen. Hier
mietete der Weimarer Heerführer, besorgt um das weitere Schicksal seines schwer
in Mitleidenschaft gezogenen Regiments, ein Schiff, das die Blessierten und
Geschwächten auf der Mosel bequem nach Koblenz transportieren sollte, da »die
Kranken zu Wagen fortzubringen unmöglich war«[89].

Mit dem Eintreffen der Mannschaften des Regiments, die den beschwerlichen
Landweg hatten zurücklegen müssen, begann die rührige Sorge Carl Augusts um
deren Wohlergehen, die Goethe – einen später immer wieder gerühmten
Charakterzug des Fürsten beleuchtend – in den wärmsten Worten festhielt: »Des
Herzogs Regiment war herangekommen, und kantonnirte in den Dörfern gegen
Neuwied über. Hier bewies der Fürst die väterlichste Sorgfalt für seine
Untergebenen; jeder Einzelne durfte seine Noth klagen, und so viel nur möglich
ward abgestellt und nachgeholfen. ... Dem Hauptbedürfniß an Schuhen und Stiefeln
wurde dadurch abgeholfen, daß man Leder kaufte, und die im Regimente sich
findenden Schuster unter den Meistern der Stadt arbeiten ließ. Auch für Reinlich-
keit und Zierde war gesorgt, gelbe Kreide angeschafft, die Collets gesäubert und

gefärbt, und unsere Reiter trabten wieder ganz schmuck einher.«[90] Indes Goethe, gepeinigt von Heimweh, Fluchtgefühl und Kriegsekel, nach Weimar zurückkehrte, bereitete Carl August das Regiment Weimar zum weiteren Feldzuge vor, das dann an den folgenden Ereignissen mittel- und unmittelbar beteiligt war, die am 14. April 1793 mit der Einkreisung von Mainz ihren vorläufigen Höhepunkt fanden. »Diese Nachricht« − so endigte Goethe die »Campagne in Frankreich 1792« − »vernahm ich zugleich mit der Aufforderung mich an Ort und Stelle zu zeigen, um, wie früher an einem beweglichen Übel, so nun an einem stationären Theil zu nehmen. Die Umzingelung war vollbracht, die Belagerung konnte nicht ausbleiben…«[91]

Durchaus abhold, sich dem »Kriegstheater« neuerlich zu nähern, folgte Goethe dennoch der Aufforderung seines fürstlichen Freundes, so daß wiederum seiner Chronik, festgehalten in der »Belagerung von Mainz« gefolgt werden darf. Am 12. Mai 1793 verließ er Weimar und reiste in das Feldlager Marienborn, wo er am 27. Mai wieder mit Herzog Carl August zusammentraf. Drei Tage später, in der Nacht vom 30. zum 31. Mai, unternahmen die Franzosen jenen Ausfall auf das Hauptquartier in Marienborn, der von Goethe ausführlich beschrieben worden ist und an dessen Zurückschlagung Carl Augusts Truppen maßgeblich beteiligt waren. Bei dem nächtlichen Handstreich entstand ein verwirrtes, aber heftiges Scharmützel und Handgemenge, in das eine Schwadron des Weimarer Fürsten, die in der Nähe kampierte, unmittelbar hineingerissen wurde. »Der abnehmende Mond stand am Himmel und gab ein mäßiges Licht. Der Herzog von Weimar nahm den übrigen Theil seines Regiments, das eine Viertelstunde hinter Marienborn auf der Höhe lag, und eilte hinzu, Prinz Ludwig führte die Regimenter Wegner und Thadden; und nach einem anderthalbstündigen Gefechte trieb man die Franzosen gegen die Stadt. An Todten und Blessirten ließen sie 30 Mann zurück, was sie mit sich geschleppt, ist unbekannt. [-] Der Verlust der Preußen an Todten und Blessirten mag 90 Mann sein.«[92] Von diesem Vorfall abgesehen, herrschte im Einschließungslager − folgt man der Darstellung Carls vom Stein − lähmende Öde und Nüchternheit; die meisten, schrieb Stein, »insbesondere der Herzog von Weimar, schleppten ihre zentnerschwere Langeweile herum und predigten entweder eine alles ertötende, niederdrückende Philosophie oder ergossen sich in bittere Klagen«[93]. Was Stein nicht wußte, war Carl Augusts Standpunkt, daß man lieber eine zermürbende Blockadetaktik verfolgen sollte als sich für eine rücksichtslose Beschießung mit all ihren schrecklichen Konsequenzen zu entscheiden. Die »harte Linie« setzte sich durch; Goethe hat die furchtbaren Folgen für die Stadt beschrieben.

Am 27. Juni begann das Bombardement der Belagerungsarmee, am 23. Juli erfolgte die Übergabe der Stadt und am 24. Juli der Ausmarsch der Garnison. Ende Juli begaben sich die Regimenter auf den Rückmarsch.

Nächtliche Beschießung von Mainz 1783, Aquatinta-Radierung von J. F. Tielker nach J. G. Schütz, 1793

Carl August, Öl a. L. von J. E. Heinsius, 1790

73

Carl Augusts erste militärische Periode endete am Ausgang des Jahres 1793; nachdem er noch bei Pirmasens und Kaiserslautern mitgekämpft hatte, verließ er die preußische Armee. »Der Herzog von Weimar trat nach geendigter Campagne aus preußischen Diensten; das Wehklagen des Regiments war groß durch alle Stufen, sie verloren Anführer, Fürsten, Rathgeber, Wohlthäter und Vater zugleich«[94], resümierte Goethe. Die tieferen Gründe für diesen Schritt dürften darin zu sehen sein, daß Carl August weiterwirkende Differenzen zwischen Preußen und Österreich erkannte und deshalb auf einen nachhaltigen Erfolg der Koalitionstruppen nicht mehr vertraute. Die allgemeine politische Situation erforderte zudem seine Anwesenheit in Weimar, wollte er sich den politischen Wendungen des zu Ende gehenden Jahrhunderts gewachsen zeigen.[95]

Der am 5. April 1795 zwischen Frankreich und Preußen abgeschlossene Sonderfrieden zu Basel, der den Rhein als deutsch-französische Grenze anerkannte, bedeutete dann in der Tat das faktische Ende der 1. Koalition. Carl Augusts Verdienst war es, Thüringen und Sachsen 1796 aus dem Reichskrieg gegen Frankreich herausgeführt zu haben, womit jener sogenannte »Frieden des klassischen Weimar« (1796-1806) bewirkt wurde, der viele großartige wissenschaftliche und künstlerische Leistungen im damaligen Weimar und Jena zumindest begünstigte.[96] Durch den Friedensschluß von Campo Formio am 17. Oktober 1797 kamen auch die Österreicher zu einem vorläufigen Frieden mit Frankreich; und auf dem Rastatter Kongreß 1797-1799 stimmten die deutschen Fürsten der Annexion linksrheinischer Gebiete durch Frankreich zu. Der 2. Koalitionskrieg 1799-1800 − entschieden durch die Schlachten von Marengo und Hohenlinden im Juni und Dezember 1800 − endete mit dem Frieden von Lunéville vom 9. Februar 1801, der die Rastatter Beschlüsse befestigte. Der am 25. Februar 1803 unter dem Drängen des immer mächtiger werdenden Napoleon zustande gekommene Reichsdeputationshauptschluß beseitigte 112 deutsche Zwergstaaten im Rechtsrheinischen, womit die schlimmsten Auswüchse der Kleinstaaterei überwunden wurden, aber gleichzeitig der französische Druck auf das Deutsche Reich sich verstärkte. Der 3. Koalitionskrieg im Jahre 1805 führte zu einem weiteren Anwachsen der Macht Napoleons, der in der Dreikaiserschlacht von Austerlitz am 2. Dezember einen triumphalen Sieg errang, der in dem für Österreich demütigenden Frieden von Preßburg am 26. Dezember besiegelt wurde. Nach der Gründung des Rheinbundes 1806 − 16 west- und südwestdeutsche Fürsten traten aus dem Deutschen Reich aus und stellten sich unter das Protektorat des Kaisers der Franzosen − verzichtete Franz II. auf die Kaiserwürde. Das Heilige Römische Reich Deutscher Nation hörte damit formell auf zu existieren.

Der einzige nennenswerte Gegner Napoleons in Deutschland war somit das marode altfriderizianische Preußen. Dessen Schwanken zwischen den Konflikt-parteien – der Reichsfreiherr vom und zum Stein sprach mit Bezug auf die feige Neutralitätspolitik König Friedrich Wilhelms III. von der »Perfidie unserer Grundsätze« und der »Charakterlosigkeit unseres Benehmens« mit der Folge »allgemeiner Verachtung und allgemeinen Abscheus«[97] – sollte einen üblen Ausgang nehmen. Durch verschiedene diplomatische Schritte Napoleons und den Durchzug französischer Truppen durch das preußische Ansbach fühlte sich Friedrich Wilhelm III. schließlich derart brüskiert, daß er die Mobilmachung seiner Truppen befahl. Der beginnende Krieg sah Preußen in einer nahezu vollständigen außenpolitischen Isolation, da die von Carl August immer wieder beschworene Chance eines Bündnisses mit Rußland vertan worden war; nur Sachsen und einige kleinere deutsche Fürsten hatten sich den Preußen angeschlossen. Herzog Carl August, seit 1798 als Generalleutnant wieder in der preußischen Armee, gehörte zu ihnen. Der Verlauf des kurzen Feldzuges zeigte die Ignoranz und die militärischen Fehleinschätzungen der überalterten friderizia-nischen Generalität. Weder der einundsiebzigjährige Oberbefehlshaber, der Herzog von Braunschweig, noch andere hohe Generale wie Friedrich Ludwig Fürst von Hohenlohe und Ernst Philipp von Rüchel oder der Oberst Christian Freiherr von Massenbach waren der überlegenen Kriegsführung Napoleons und seiner Marschälle gewachsen. Der unentschlossene preußische Generalstab beriet in Erfurt jeden Schritt so lange, bis er durch die Ereignisse bereits überholt war; nur schwerfällig vollzog sich der Aufmarsch der zwischen Eisenach und Jena verstreuten preußischen Truppen. Ganz anders Napoleon: zügig vordringend, trieben seine kampferprobten Kolonnen am 10. Oktober die preußische Vorhut unter Prinz Louis Ferdinand bei Saalfeld zurück. Vier Tage später wurde Hohenlohe bei Jena vernichtend geschlagen, ehe noch der aus Weimar zum Entsatz heraneilende Rüchel mit seinen 27 000 Mann das Kampffeld erreichte. Nördlich von Jena, bei dem Dörfchen Auerstedt, traf die preußische Hauptarmee mit 52 000 Mann auf Marschall Davoust, der seinen an Zahl unterlegenen 33 000 Soldaten mutig den Angriff befahl und die Preußen durch wohlüberlegte Manöver vom Schlachtfeld fegte.

Herzog Carl August, der sich im September neben Kursachsen per Vertrag mit Preußen unter Friedrich Wilhelms III. Heerbefehl begeben hatte, wurde somit sechs Wochen später in das Desaster hineingezogen. Vereinbarungsgemäß hatte der Weimarer Herzog sein Scharfschützenbataillon und 40 Husaren unter preußische Fahnen gestellt und dafür selbst den Befehl über ein Korps erhalten. Diese Avantgarde sollte er über den Thüringer Wald auf Franken zu führen, weil von dorther die anrückenden Franzosen erwartet wurden. Am 13. Oktober traf er in

BATAILLE D'JENA,
GAGNÉE PAR LE GRAND NAPOLEON LE 14 OCTOBRE 1806.

Schlacht von Jena, kolorierter Kupferstich, 1806

Straßenkampf in Jena, kolorierter Kupferstich, 1806

Ilmenau, am 14. Oktober abends in Arnstadt ein, wo er in der Nacht den Ausgang der Jenenser Schlacht erfuhr. »Herzog von Weimar und Eisenach wären wir einstweilen gewesen«[98], soll sein trockener Kommentar gelautet haben. Zu der Zeit drangen bereits preußische Heeresteile verfolgende französische Truppen in seine Weimarer Residenz ein und überzogen sie mit Brand, Plünderungen und Chaos.[99] Carl August, dessen Korps hinter Erfurt nordwärts marschierte und in die allgemeine Flucht- und Auflösungsbewegung des Heeres hineingerissen zu werden drohte, habe – bei angedrohtem Verlust der Souveränität – binnen 24 Stunden den preußischen Dienst zu quittieren und sein Kontingent nach Weimar zurückzuberdern, lautete die kategorische Forderung Napoleons. Da der Aufenthaltsort des Herzogs nicht sofort ermittelt werden konnte, setzte eine fieberhafte Aktivität des Weimarer Hofes ein. Inzwischen war Carl August nach Braunschweig gelangt, wo er seinen Oheim, den abgesetzten Landesfürsten, durch eine Schußverletzung erblindet, auf dem Sterbelager vorfand. Am 25. Oktober erreichte ihn in Wolfenbüttel die Forderung des Kaisers; zuvor bereits hatte ihn der Preußenkönig von allen militärischen Verpflichtungen entbunden, so daß er nach dem Elbübergang seiner Truppen bei Havelberg das Korps verlassen konnte. Am 23. November traf Carl August in Berlin ein, um sich dem Sieger in Person zu unterwerfen. Zu einer Begegnung mit Napoleon kam es jedoch nicht. Der eingangs zitierte Brief an Herzogin Louise vom 27. Oktober aus Havelberg hatte diese Unterwerfung bereits demonstrativ enthalten, wußte der Absender doch, daß Napoleon ihn zur Kenntnis bekommen würde. Damit war Carl Augusts militärische Periode abrupt und wenig ehrenvoll, dafür mit der immensen Kontributionssumme von 2,2 Millionen Franken für sein ohnehin arg in Mitleidenschaft gezogenes Ländchen Sachsen-Weimar zu Ende gegangen. Der dem Kaiser nachgereiste Geheime Rat Müller – der nachmalige Kanzler und spätere Testamentsvollstrecker Goethes – unterzeichnete nach wochenlangem Antichambrieren und demütigenden Auftritten am 15. Dezember 1806 in Posen das Friedenstraktat, das auch Weimars Eintritt in den Rheinbund mit allen seinen Folgen vertraglich regelte.

Schlimmer noch als die von Frankreich auferlegten Kriegsentschädigungen waren die Verpflichtungen der Heeresfolge, denen Weimar als Rheinbundstaat zu entsprechen hatte. An mehreren Feldzügen beteiligte sich das Regiment »Herzöge zu Sachsen«; in Tirol, in Spanien und schließlich in Rußland mußten Weimarer für Napoleon fechten. Im April 1813 trat das weimarische Kontingent dann auf die Seite der russisch-preußischen Truppen über und kämpfte während der Befreiungskriege 1813/14 im Armeekorps Yorck.

Das Verhältnis zwischen Carl August und Napoleon blieb in diesen Jahren immer gespannt, wozu u.a. die Einstellung des aktiven Napoleonhassers Friedrich Carl

Ferdinand von Müffling in weimarische Dienste beitrug, der schon als preußischer Offizier gegen den Kaiser gekämpft hatte. 1808 ordnete deshalb der stets mißtrauische Korse die Kontrolle der Korrespondenz des Herzogs an, und als der Naumburger Friedrich Staps im Oktober 1809 in Schönbrunn ein (mißlungenes) Attentat auf den Kaiser verübte, fiel dessen notorischer Verdacht zuallererst auf Carl August als mutmaßlichen Anstifter. Kurioserweise war im gleichen Jahr Carl Augusts siebzehnjähriger Sohn Bernhard, der sich als Kapitän im königlich-sächsischen Gardegrenadier-Regiment in der Schlacht von Wagram ausgezeichnet hatte, von Napoleon höchstpersönlich mit dem Kreuz der Ehrenlegion dekoriert worden.

Als nach dem Untergang der »Grande armeé« in Rußland in Deutschland die Befreiungsbewegung gegen die französische Fremdherrschaft einsetzte, wurde Carl Augusts Lage mehr als kompliziert. Seit Anfang Mai 1813 unternahm das Lützowsche Freikorps auch im Thüringischen ausgedehnte Streifzüge, die, unterstützt von leichter russischer Reiterei, erhebliche Verwirrung bei den französischen Truppen hervorriefen. Der weimarische Herzog, dessen antinapoleonische Gesinnung nur zu gut bekannt war, der in den böhmischen Bädern und auch sonst eine erstaunlich offene Rede führte,[100] hatte sich dennoch nach außen hin seinen Bündnisverpflichtungen gegenüber Napoleon getreu zu zeigen. Des weiteren nährte die im Herzogtum gelegene Universität zu Jena, deren Professoren und Studenten unverhohlen Partei gegen Napoleon nahmen, den Ruf Carl Augusts als des »unruhigsten Fürsten von Europa«, wie ihn Napoleon bezeichnete. Bedrängt von handfesten Drohungen des aufgebrachten Kaisers, sah der Weimarer Herzog keine andere Taktik als die der ostentativen Devotion und glatten Schmeichelei. Anläßlich des Sieges der Franzosen in der Schlacht bei Bautzen 1813 fühlte er sich, auch bedingt durch eigene peinliche Voreiligkeiten, zu folgendem Glückwunsch-schreiben veranlaßt, das an politisch motivierter Heuchelei nichts zu wünschen übrigließ: »Da mein heißes Flehen für das Wohlergehen Ew. Majestät erhört worden ist, preise ich dafür die göttliche Gnade und lege Ihnen, Sire, meine untertänigsten Glückwünsche zu Füßen. Mögen Ew. Kaiserliche und Königliche Majestät den Ausfluß meiner tiefen Unterwerfung und einer unwandelbaren Anhänglichkeit, die ich Ew. Majestät geweiht habe, mit Herablassung entgegen-nehmen.«[101] Daß derartigen verbalen Unterwerfungen auch die Absicht zugrunde lag, die übergroßen französischen Lasten und Forderungen zu mindern, unter denen das Herzogtum stöhnte, muß dem Weimarer Fürsten zweifellos zugute gehalten werden. Es ergab sich allerdings wenig Spielraum für die Weimarer Behörden, die Auflagen der kaiserlichen Intendantur abzumildern: Korn und Pferde wurden requiriert, Arbeiter für Schanz- und Fortifikationsaufgaben mußten nach Erfurt entsandt werden, Einquartierungen und ständig neue Aushebungen von Rekruten waren zu ermöglichen. Noch im Juli 1813 wurde ein weimarisches Bataillon neu aufgestellt; die 800 Mann, angeführt von einem Kommandeur, einem Adjudanten und acht Offizieren, waren aus Zeitgründen nur notdürftig ausgebildet worden. »Im Feuer möchten aber die Helden ihren Nachbarn und Vordermännern gefährlicher seyn als den Feinden«[102], spöttelte sarkastisch Minister Fritsch gegenüber einem Weimarer Amtskollegen. Am 22. Oktober 1813 schlug in Weimar die Stunde der Befreiung: während die in der Völkerschlacht bei Leipzig besiegten französischen Truppen auf der Heerstraße nördlich des Ettersberges westwärts zurückwichen, erhielt General Lefebre-Desnoëttes von Napoleon den Befehl, mit seiner 4000 bis 5000 Pferde starken Division von dort aus einen Vorstoß gegen das am südlichen Fuße des Berges gelegene Weimar zu unternehmen. Daraus entwickelte sich das letzte Gefecht um Carl Augusts Residenz: unterstützt durch herbeieilende Entsatztruppen unter dem Kosakenhetman Platow, eine Legion preußischer freiwilliger Jäger zu Pferde unter dem General von Thielmann und weitere Kräfte der Verbündeten, wies die in der Stadt liegende Kosakeneinheit unter dem Befehl des Obersten von Geismar den Angriff ab. Carl August soll persönlich in das Gefecht eingegriffen haben.

Eine siebenjährige Periode der Fremdherrschaft war damit zu Ende gegangen. Es folgte der offizielle Abfall von Napoleon, der Austritt aus dem Rheinbund und die militärische Eingliederung in die Armeen der Verbündeten. Am 22. November 1813 erließ Carl August einen Aufruf »An die Freiwilligen«, der auf große Resonanz stieß. Am 24. November wurde der Herzog mit dem Oberbefehl über das dritte deutsche Armeekorps betraut, woraufhin er am selben Tage ins Hauptquartier nach Frankfurt abreiste. Dieser Truppenteil zählte zum russischen Heer und umfaßte alle königlich-sächsischen und sächsisch-ernestinischen Kontingente – was Carl August besonders gelegen kam, schien ihm doch eine Suprematie über Thüringen damit durchsetzbar – sowie die anhaltinischen und schwarzburgischen Verbände. Alles in allem befehligte er eine Armee mit einer Gesamtstärke von 24000 Mann Linientruppen und 20000 Mann Landwehr. Am 9. Dezember 1813 wurde Carl August zum Kaiserlich Russischen General der Kavallerie ernannt. Am 7. Januar 1814 brach er in Richtung Kriegsschauplatz auf. Damit begann seine dritte Periode als Offizier. Daß es in den Entscheidungskampf gegen Napoleon ging, dürfte zu den größten Genugtuungen seines Lebens gezählt haben.

Über Kassel, wo er auf die ersten Kolonnen der ihm unterstellten Verbände traf, fuhr der Herzog nach Lippstadt, dann nach Münster. Von dort aus bewegten sich seine Truppen nach Holland; der sogenannte niederländische Feldzug, die letzte militärische Aktion in Carl Augusts Leben, begann. Ende Januar traf er im

Reiter-Gefecht vor dem Jacobsthor am 22^t Octobr. 1813 Nachmittag 4 Uhr. zwischen den ungarischen Husaren vom Regiment Prinz Hessen-Homburg den Kosaken u. Baschkiren mit verschiedener Französischer Cavallerie

Hauptquartier zu Breda ein, wo er sich mit den Truppen des Generals von Bülow, des Siegers von Großbeeren und Dennewitz, vereinigte. Nach Einnahme der Festung Herzogenbosch wurde Anfang Februar der wichtige Land- und Seestützpunkt Antwerpen eingeschlossen, belagert und beschossen. Da sich Marschall Macdonald, dem Napoleon die Verteidigung des Niederrheins übertragen hatte, zu keiner Schlacht stellte, sondern sich nach Frankreich zurückzog, nahmen die Verbündeten relativ schnell das belgische Territorium in ihren Besitz; am 7. Februar ritten Bülow, Carl August und Wilhelm von Oranien in Brüssel ein. Die Statthalterschaft, die der Herzog anzutreten hatte, war schwierig. Die politische Zukunft des Landes war ungewiß, die Behörden mußten ersetzt bzw. reorganisiert werden, die öffentliche Ruhe und Ordnung galt es zu gewährleisten, die Versorgung abzusichern. Die im Verlauf des Monats Februar sich andeutende

Aussicht, angesichts der bevorstehenden Kämpfe als Verstärkung zur Armee des Marschalls Blücher zu stoßen, zerschlug sich, da die verbündeten schwedischen Truppen nicht wie angekündigt in Belgien und Flandern eintrafen. So mußte Carl August ungeduldig im Lande verharren, obwohl er den letzten Akt des weltgeschichtlichen Dramas vor Ort mitgestalten wollte, und dies verdroß ihn um so mehr, da ihm der alte Haudegen Blücher in einem Handschreiben versichert hatte, Carl Augusts angekündigtes Erscheinen mache ihn »unbeschreiblich glücklich, zu mahl da die vereinigten monarchen ihr große vertraun uf unsre operation setzen, die verEhrung so ich für Ew. Durglaugt hege, ist gleichlaufendt mit der unbegrentzten Anhänglichkeit«[103] usw. Indessen führte der Versuch französischer Truppen im März, zur eingeschlossenen Garnison von Antwerpen vorzudringen, auch in Belgien zu mehreren blutigen Treffen, in denen die endlich eingetroffenen Verstärkungen aus Thüringen und Sachsen willkommene Hilfe leisteten. Am 5. April erhielt Carl August die Nachricht von der Abdankung Napoleons, und am 21. April verließ er sein belgisches Hauptquartier, nachdem er den Oberbefehl an General Thielmann abgetreten hatte. Sein Reiseziel war Paris, das er seit 1775 nicht wieder betreten hatte und das nun eine magische Anziehungskraft auf ihn ausübte. Zudem ließ der Ausgang des Krieges Rangerhöhung und Gebietszuwachs erhoffen.

Wenngleich es damit in Paris noch nichts wurde, so konnte er doch wenigstens in den Wochen nach seiner Ankunft am 23. April in der französischen Hauptstadt einen reichen Erfahrungsschatz sammeln. Am 4. Juni reiste er von dort mit dem russischen Zaren und dem preußischen König nach England; im Juli kehrte er über Holland nach Weimar zurück. 56 Jahre alt war der General Carl August, als seine militärische Laufbahn, wechselhaft wie die Zeit, in der er lebte, zu Ende ging. Die Rolle, die er in diesen drei Perioden militärischer Wirksamkeit spielte, hatte er selbst schon 1789 gar nicht so abwegig und mit einer gehörigen Portion von Selbstironie als die »eines königl[ich] preussischen gefederten Pferdeknechts« umschrieben.[104]

DER MÄZEN
Weimars Künstler und Jenas Professoren

Carl August an Goethe   *Weimar, 13. April 1817*
Lieber Freund,
Verschiedene Äußerungen deinerseits, welche mir zu Augen und Ohren gekommen sind, haben mich unterrichtet, daß du es gerne sehn würdest, von denen Verdrießlichkeiten der Theater Intendanz entbunden zu werden, daß du aber selbiger gerne mit Rath und That an die Hand gehn würdest, wenn, wie dieses wohl ofte der Fall seyn wird, du von der Intendanz darum ersucht würdest. Ich komme gern hierin deinen Wünschen entgegen, danckend für das viele Gute, was du bey diesen sehr verworrenen und ermüdenden Geschäften geleistet hast, bittend, Interesse an der Kunstseite deßelben zu behalten, und hoffend, daß der verminderte Verdruß deine Gesundheit und Lebensjahre vermehren solle.
Einen officiellen Brief diese Veränderung betreffend, lege ich bey und wünsche wohl zu leben.
Weimar, 13. April 1817   *C. A. Grhz. z. S.*[105]

Carl August an Goethe   *Weimar, 13. April 1817*
Sehr werther Herr Geheimerath und Staatsminister,
Die Mir zugekommenen Äusserungen haben Mich überzeugt, daß der Herr Geheimerath und Staatsminister von denen Geschäften der Hoftheater Intendanz dispensirt zu werden wünscht, zugleich aber seine Einwirckung durch Rath und That der fortdauernden Hoftheater Intendanz, in Hinsicht des artistischen Faches des Theaterwesens, nicht versagen wird, wenn er, wie dieses häufig der Fall seyn könnte, darum begrüßt werden wird. Der Herr Geheimerath und Staatsminister empfängt hierbey meinen tiefgefühlten Danck für die vergangenen ausgezeichneten Dienste, die er bey Créirung, Erhaltung und Dirigirung der Theater Geschäfte, und zwar in allen dahin einschlagenden Fächern, geleistet hat, und hoffe, daß Er die, bey dieser Veränderung ihm zuwachsende Muse, auf die sehr wichtigen Geschäfte der Anstalten für Wissenschaft und Kunst mit demselben Eifer verwenden werde, wie er zeither sich bemühet hat, diese Aufträge mit besonderer Auszeichnung zu besorgen. Übrigens benachrichtige Ich den Herrn Geheimerath und Staats-minister, daß ich per Rescriptum die Hoftheater Intendanz von Seinem Austritt aus selbiger benachrichtigt habe.
Weimar, den 13. April 1817   *Carl August Grhz. S.*[106]

Als Carl August 1775 zur Macht gelangte, gebot er über ein Ländchen mit etwa hundertzwanzigtausend Einwohnern. Seine Residenz Weimar, äußerlich ein unansehnliches Ackerbürgerstädtchen, zählte etwa sechstausend Seelen und lag fernab bedeutender Handelsstraßen, die eine günstige Verbindung zu den deutschen oder gar europäischen Kultur- und Geisteszentren hätten bieten können. Dennoch waren die Grundlagen bereits vorhanden, die die nachfolgende Entwicklung Weimars und damit verbunden Jenas zu einem geistigen und kulturellen Mittelpunkt Deutschlands ermöglichten. Die zahlreichen gebildeten Hofbeamten und bürgerlichen Künstler, die nach und nach aus allen Teilen Deutschlands nach Sachsen-Weimar kamen, fanden eine langjährig gepflegte kulturelle Tradition vor, an die sich anknüpfen ließ. Die »Salana«, die mehr als dreihundertjährige Jenenser Universität, war zwar fast zur Bedeutungslosigkeit herabgesunken, bot aber dennoch das akademische Umfeld für einen neuen wissenschaftlichen Aufschwung. Anna Amalia und Carl August begriffen, daß ihre vorsichtige, auf die Beseitigung der ärgsten sozialen und wirtschaftlichen Mißstände gerichtete Reformpolitik mit der Pflege von Wissenschaft und Kultur einhergehen mußte, sollte eine erfolgversprechende Anpassung an die in Europa um sich greifende bürgerliche Entwicklung erfolgen. In diesem Sinne hatten auch die Lehrer und Erzieher Carl Augusts auf den künftigen Herrscher eingewirkt. Bedeutende Schriftsteller, Künstler und Wissenschaftler trafen so in Weimar auf relativ günstige äußere Bedingungen. Das Theater spielte dabei keine unwesentliche Rolle.

Schon während der Kindheit und Jugendzeit Carl Augusts gab es in Weimar ein interessantes Theaterleben, das den heranwachsenden Fürsten natürlich in seinen Bann zog. Unter dem musik- und kunstliebenden Herrscherpaar Ernst August II. Constantin und Anna Amalia war eine theaterfreundliche Zeit im Weimarer Schloß heraufgezogen. An das sich bildende Hoftheater wurde der Prinzipal Theophilus Doebbelin mit seiner fast dreißigköpfigen deutschen Schauspieltruppe berufen, wobei Mitbewerber wie die berühmte Neubersche Komödientruppe das Nachsehen hatten. Ein Jahr vor Carl Augusts Geburt, 1756, kam Doebbelin nach Weimar, wurde aber infolge höfischer Intrigen schon bald wieder entlassen. Der unter der Leitung des Kammerjunkers Franz Christian Eckbrecht von Dürckheim fortgesetzte Theaterbetrieb fand am 28. Mai 1758 ein jähes Ende, als mit dem Tode des noch nicht einundzwanzigjährigen Landesherrn der vormundschaftlich regierende Herzog von Braunschweig, Anna Amalias Vater, fast sämtliche Musiker und Komödianten entließ. Erst 1767 traf in der Stadt wieder eine Truppe ein, die unter der Leitung des Ballettmeisters Carl Christian Stark stand und auch zeitgenössische Dichter in ihrem Repertoire hatte, z.B. die Aufklärer Klopstock und Lessing. Ein Jahr später kam die berühmte Truppe des Prinzipals Heinrich Gottfried Koch nach

Weimar, die der Studiosus Johann Wolfgang Goethe in Leipzig hatte das Publikum beschäftigen und bestens unterhalten sehen.[107] Kochs Truppe gewann in Weimar den Schriftsteller und Gymnasialprofessor Johann Carl August Musäus als Textautor und den Hofkapellmeister Ernst Wilhelm Wolf als Komponisten, so daß besonders Singspiele erfolgreich inszeniert werden konnten. Als Koch 1771 nach Berlin zog, wurde er durch Abel Seyler und seine Schauspieler ersetzt. Seylers Truppe, stark gefördert durch Anna Amalia, die »Beschützerin der theatralischen Muse«, als die Carl Augusts Lehrer Wieland, selbst theaterbegeistert, im »Teutschen Merkur« die Herzogin pries, zog bedeutende Bühnenkünstler an, unter anderem Conrad Ekhof, der als Vater der deutschen Schauspielkunst gilt. Wieland war es auch, der unentwegt seine Autorität und seine geistigen Potenzen für die Theaterarbeit einsetzte. Ganz im aufklärerischen Sinne erblickte er im Theater »ein moralisches Institut«, »welches auf die Sinnesart und die Sitten eines Volkes heilsame Wirkungen verbreitet und in den Händen einer weisen Regierung eines der wirksamsten Mittel wird, den Verstand und das Herz ihrer Untergebenen zu bilden«[108], und sein Anteil an der Herausbildung der späteren Theaterbegeisterung seines Zöglings dürfte demgemäß nicht unbedeutend gewesen sein.

Weimars Theatertradition endete abrupt, als im Mai 1774 das Schloß abbrannte und mit ihm die einzige Spielstätte. Abel Seylers Truppe mußte entlassen werden, und da sich die adligen und bürgerlichen Schöngeister mit einem theaterlosen Leben nicht abfinden wollten, begann in kleinen Zirkeln das Liebhabertheater zu blühen, dessen Flor ab 1776 mit dem Namen Goethes untrennbar verbunden ist. Acht Jahre lang entwickelten die beteiligten Liebhaber als Autoren, Schauspieler, Zuschauer in einem eine Wirksamkeit und Ausstrahlung, die die Herausbildung einer deutschen Nationalbühne nicht unwesentlich mit beeinflußten. Die dilettierenden Weimarer Theaterfreunde waren neben Goethe Herzog Carl August, die Herzoginmutter Anna Amalia, der Bergrat und Philosoph Johann August Freiherr von Einsiedel, der Kammerherr und Komponist Karl Friedrich Siegmund Freiherr von Seckendorff, der herzogliche Schatullverwalter und Kaufmann Friedrich Justin Bertuch, der Schriftsteller und Übersetzer Johann Joachim Christoph Bode, Johann Carl August Musäus, die Hofdame Louise von Göchhausen u. a. sowie als einzige Berufsschauspielerin und -sängerin Corona Schröter.[109] Gespielt wurde auf provisorischen Bühnen in Ettersburg, Tiefurt, Belvedere, im Wittumspalais oder im Fürstenhaus, je nach Wetter und Jahreszeit im Haus oder unter freiem Himmel. Von 1775 an wurde auch das neuerbaute Redoutenhaus an der Esplanade, der heutigen Schillerstraße, genutzt. Stücke von Rang wurden einstudiert, so Lessings »Minna von Barnhelm« oder Molières »Die beiden Geizhälse«, aber auch Cumberlands beliebter »Westindier«, in dem der Herzog die Rolle des Majors

»Iphigenie auf Tauris«,
Liebhaberaufführung mit
C. Schröter und Goethe, Öl a. L.
von G. M. Kraus, 1779

übernahm, Prinz Constantin als Dudley, Charlotte von Stein als Frau Russport und Goethe als Westindier agierten. Die gründliche Probenarbeit des »Intendanten« Goethe paarte sich in jenen Jahren mit der noblen Großzügigkeit des »Mäzens« Carl August. Über die ersten Proben zu Goethes kurzweiligem »Jahrmarktsfest zu Plundersweilern« 1778 schrieb Musäus: »Bei der Leseprobe, die hier im Palais war, wurde an die Akteure ein herrliches Souper gegeben und nachher ein Ball, der bis drei Uhr dauerte. Zu den Proben in Ettersburg wurden die Akteure, 24 Personen zusammen, jedesmal in sechs Kutschen hinaufgeholt und abends mit Husaren, die Fackeln hatten, wieder zurückbegleitet.«[110]

Als aufgrund der baulichen Unzulänglichkeiten des Redoutenhauses um 1779 die Errichtung eines Schauspielhauses ins Auge gefaßt wurde, war es wiederum Carl August, der tätig eingriff, sogar die Kosten erhöhende Änderungen am Bau veranlaßte und qualitativ bessere Ziegelsteine als die einheimischen heranfahren ließ. Am 7. Januar 1780 wurde das neu erbaute Theater glanzvoll eingeweiht. Mit Notwendigkeit verflachte durch die Öffnung für das allgemeine Publikum in Folge das Liebhabertheater, und die theatralische Kost im Komödienhaus wurde zunehmend derber. 1783 verpflichtete Carl August die aus Dresden kommende Theatergruppe des Joseph Bellomo, der neben den 40 Talern für die Betriebskosten

Corona Schröter zeichnend,
Aquarellzeichnung von G. M. Kraus,
1785

noch ansehnliche Zuschüsse des herzoglichen Mäzens erhielt. Carl August gab jährlich aus seiner Privatschatulle 200 Taler, Anna Amalia 50, Herzogin Louise 30, Prinz Constantin 16 Taler und 16 Groschen. Nach diesen langjährigen Gepflogenheiten – »was zu Bellomos Zeiten üblich gewesen«[111] – verfuhr man auch späterhin. Allerdings konnte der gebürtige Grazer auf die Dauer den hohen Anforderungen des Weimarer Hofes nicht genügen, so daß im März 1791 der Kontrakt gelöst wurde. Hinzu kam, daß der 1790/91 beginnende Schloßneubau fast alle Mittel verschlang und die militärischen Ereignisse das Interesse Carl Augusts vom Theater abzogen. Bellomo, verbittert und enttäuscht, strich eigenhändig in der von Christian August Vulpius gedichteten Abschiedsrede jene Verse, in denen die Weimarer Fürsten als Jünger der Thalia und Gönner der Schauspieler gefeiert wurden.

Auch nach dem Abzug Bellomos förderte Carl August das Theater weiter, soweit dies »sein Beutel bequem bestreiten konnte«. In Berlin 1790 gewonnene Erfahrungen regten ihn in Weimar zu einer Theaterreform an, die er sich 7 000 Taler jährlich kosten ließ. Goethe nahm sich ab 1791 immer stärker als künstlerischer Leiter und Intendant des Theaters an, Franz Kirms wurde der ökonomische Lenker des neuen Musentempels, an dem etwa 20 Schauspieler fest engagiert waren.

Der Neuanfang war freilich nicht leicht. Es gab organisatorische und diszi-plinarische Schwierigkeiten, Zwistigkeiten und Intrigen unter dem Personal, so daß Goethe im Dezember 1795 sogar um seine Entlassung ersuchte. Carl August persönlich beschwichtigte den Freund: »Solten Unannehmlichkeiten von Personen erzeugt, die bey diesen Geschäfte mit angestellt seyn, eintreten, so werden sich gewiß die Mittel, diese in ihre Schrancken zu halten, finden; ich werde sie gewiß anwenden, um dir die Beschäftigung der Theaterdirection so angenehm wie möglich zu machen.«[112] 1797 trat die zwanzigjährige Caroline Jagemann als Sängerin und Schauspielerin in das Weimarer Ensemble ein, die durch ihr bezauberndes und hinreißendes Wirken nicht nur zur angebeteten Aktrice des Weimarer Publikums, sondern auch zur »Göttin« Carl Augusts wurde.

Mit der Uraufführung von Schillers »Wallenstein«-Trilogie 1798/99, die als »theatralisches Weltereignis« gefeiert wurde,[113] begann die klassische Blütezeit des Weimarer Theaters, die durch Goethes und Schillers unmittelbares Zusammen-wirken geprägt war. Schiller, ausgestattet mit einer herzoglichen Jahresrente von 400 Talern, siedelte am 3. Dezember 1799 von Jena nach Weimar über. Carl August schenkte in diesen Jahren seinem Theaterleiter unbegrenztes Vertrauen. Goethe gelang es, das Ensemble nach seinen Vorstellungen zu erziehen und künstlerisch zu formen. Mit Carl Augusts Billigung verordnete er aufsässigen Schauspielern Stubenarrest und unwilligen Akteuren Haft auf der Stadtwache. Goethes und Schillers eigene dramatische Werke – u.a. »Die Mitschuldigen« und »Die Laune des Verliebten«, von Schiller neben dem »Wallenstein« dann vor allem »Maria Stuart«, »Die Braut von Messina«, »Die Jungfrau von Orleans« und »Wilhelm Tell« – brachten das Repertoire auf ein Niveau, das in seiner künstlerisch-ästhetischen Geschlossenheit einmalig in Deutschland war. Mit Schillers Tod am 9. Mai 1805 ging diese glanzvolle Periode zu Ende.

Carl Augusts Mätresse Caroline Jagemann beherrschte nach 1806 immer mehr das Theaterleben. Nachdem es bereits 1808 zu Auseinandersetzungen mit Goethe gekommen war, der seine Autorität eingeschränkt sah, führte das Theaterstück »Der Hund des Aubri de Mont-Didier« 1817 zum endgültigen Bruch zwischen dem Theaterleiter und seinem Dienstherrn, da sich Goethe zornerfüllt gegen das seiner Meinung nach entweihende Auftreten eines dressierten Pudels auf der Weimarer Bühne aussprach. Die Abberufung, ausgesprochen im eingangs zitierten groß-herzoglichen Schreiben, war nur eine Formsache. Carl August, seit Jahrzehnten im Du-Verhältnis mit Goethe, löste die Verstimmung auf seine unkomplizierte Weise. Mit einer Batterie Champagner ausgerüstet, erschien er höchstpersönlich bei dem in Jena grollenden Goethe: »Theater hin! Theater her! Wir bleiben die alten«, sollen seine lapidaren Worte gelautet haben.[114]

Mit dem Brand des Theaters in der Nacht vom 21. zum 22. März 1825 fand ein Kapitel klassischer Kunstpraxis in Weimar auch äußerlich sein Ende, zu deren herausragenden Leistungen Carl August in widersprüchlich-produktiver Weise seinen ganz eigenen Anteil beigetragen hatte. Es war dann ein Ausdruck fürstlicher Selbstherrlichkeit, daß der Großherzog unter dem Einfluß Caroline Jagemanns bei der Neuerrichtung des Theaters wider besseres Wissen mehrfach willkürlich einschritt, so daß der Neubau schließlich zahlreiche bautechnische und funktionelle Mängel aufwies.

Was hier am Beispiel des Theaters in gedrängter Kürze dargestellt wurde, ließe sich für weitere künstlerische Einrichtungen und Institute im damaligen Weimar fortsetzen. So förderte Carl August über Jahre die Weimarer »Freie Zeichenschule«, an die 1779 Georg Melchior Kraus als Direktor berufen wurde, dessen Nachfolge 1807 Johann Heinrich Meyer antrat. Fürstliche Preismedaillen, die Jahr für Jahr von Carl August finanziert wurden, winkten den begabtesten Schülern. Bildende Künstler wie die Bildhauer Martin Gottlieb Klauer und Karl Gottlieb Weißer, der Maler Ferdinand Jagemann, der Porträtist Johann Joseph Schmeller oder die Medailleurin Angelika Bellonata Facius wurden direkt oder indirekt von Carl August gefördert, sei es durch Bildungsreisen, finanzielle Zuwendungen oder Vermittlung von Ausbildungsmöglichkeiten, an deren Zustandekommen meist auch Goethe beteiligt war.

Äußerst wichtig für die städtische Kultur war die Bibliothek, an deren Schicksal Carl August tätigen Anteil nahm. Ankäufe ganzer Sammlungen, die Aufnahme von gewichtigen Nachlässen und eine gezielte Erwerbspolitik ließen ihre Bestände, die von dem streng kontrollierten Personal[115] in mühsamer Arbeit vorbildlich geordnet und katalogisiert wurden, bis 1830 auf ca. 130000 Bände anwachsen. Die Privatbibliothek Anna Amalias, die Büchersammlungen Carl Ludwig Fernows und Charles Gores, Carl Augusts Militärbibliothek und das auf seine Anordnung seit 1793 in einmaliger Vollständigkeit zusammengetragene Schrifttum der Französischen Revolution erweiterten die Bestände ebenso wie die Zugänge nach dem in den weimarischen Landesteilen eingeführten Pflichtexemplarrecht. Zur Bibliothek zählten ein umfangreiches Kupferstichkabinett und eine besonders die wettinische Hausgeschichte belegende Münzkollektion, für die Carl August und die fürstliche Familie, angeregt durch Goethesche Interessen, eine herausgehobene Neigung entwickelten. Grafische Blätter, Münzen und Medaillen, eine Gemäldesammlung mit bedeutenden Werken älterer deutscher Künstler, z.B. der Malerfamilie Cranach, aber auch zeitgenössischer Maler, wie z.B. Asmus Jakob Carstens oder Jakob Philipp Hackert, bildeten die Kernbestände, aus denen sich im Verlauf mehrerer Jahrzehnte seit 1776 allmählich die herzogliche Kunstsammlung

»Das Neueste von Plundersweilern«, Aquarell von G. M. Kraus, undatiert

Corona Schröter, Öl a. L.
von unbekannt, undatiert

entwickelte, der Carl August und Goethe, ihrer Zeit damit durchaus voraus, öffentlichen Charakter als fachlich geleitetes Museum zu geben versuchten. Ausstellungen der »Freien Zeichenschule« im Fürstenhaus von 1809 bis 1811 bildeten die musealen Vorläufer, bis dann in den Jahren 1822 bis 1824 im »Jägerhaus«, einem gemeinnützigen herzoglichen Mehrzweckbau vor dem ehemaligen Frauentor, ein bei Bedarf zugängliches Kunstmuseum eingerichtet werden konnte, das 1825 eröffnet und dessen Kustodin die von Carl August geförderte Malerin Luise Seidler wurde.[116] Die zahlreichen Auslandsreisen, z.B. der längere Aufenthalt in Wien 1815, nutzte der Herzog stets zum Erwerb von Kunstgegenständen, aber auch von naturwissenschaftlichem Gerät, denn das fördernde Interesse des vielseitig Gebildeten war ebenso auf die Neuerungen im Bereich der Naturwissenschaften und der Technik gerichtet. Damit wechselt der Blick auf die »Alma mater Jenensis«, deren Aufschwung als deutsche Bildungsstätte am Ende des 18. Jahrhunderts fest mit Carl Augusts Namen verbunden ist.

Seit der Thronbesteigung des Herzogs bis in das letzte Jahrzehnt des Jahrhunderts hatte die »Salana« ihre Studentenzahlen versiebenfachen können[117] und war damit neben Halle zur größten deutschen Universität avanciert. Nicht nur Immatrikulationen von Studiosi aus dem sächsisch-thüringischen Raum sind in den Matrikeln verzeichnet – die Bildungsstätte wurde von allen vier Ernestinern: Sachsen-Coburg-Saalfeld, Sachsen-Meiningen, Sachsen-Gotha-Altenburg und Sachsen-Weimar-Eisenach, gemeinsam getragen –, sondern auch beachtliche Kontingente ungarischer, baltischer, polnischer, russischer und anderer ausländischer Studenten frequentierten die Einrichtungen in »Saal-Athen«. Bedeutende Lehrer wurden dank Goethes und Carl Augusts Bemühungen nach Jena gezogen, so der Chemiker Johann Friedrich August Göttling, der Botaniker August Johann Georg Carl Batsch, der 1793 die »Naturforschende Gesellschaft« ins Leben rief, oder der Geologe Johann Georg Lenz, der 1798 die »Societät für die gesamte Mineralogie« in Jena begründete. Um 1800 sorgte der Bibliothekar und Altphilologe Heinrich Karl Abraham Eichstädt für eine Wiederauflebung der seit langer Zeit bestehenden »Societas Latina«. Die klassische Zeit der Jenenser Hochschule wurde wesentlich getragen von dem Aufschwung der Naturwissenschaften, der Philosophie und der Medizin. Die Mediziner Justus Christian Loder, Christoph Wilhelm Friedrich Hufeland und Johann Christian Stark d. Ä., der Naturwissenschaftler Lorenz Oken, der Chemiker Johann Wolfgang Döbereiner, der Botaniker Friedrich Siegmund Voigt, der Physiker Johann Wilhelm Ritter, der Historiker Heinrich Luden, vor allem aber die Philosophen Carl Leonhard Reinhold, Johann Gottlieb Fichte, Friedrich Wilhelm Joseph Schelling, Georg Wilhelm Friedrich Hegel und Jakob Friedrich Fries gehörten zu der großen Schar hervorragender Geister, die aus der deutschen Wissenschaftsgeschichte jener Jahrzehnte nicht mehr wegzudenken sind. Der Kreis der Jenaer Romantiker um August Wilhelm und Caroline Schlegel, zu dem u.a. Friedrich Wilhelm Schlegel, Novalis, Clemens Brentano und Ludwig Tieck zählten, stand in einem lebendigen Wechselverhältnis zu den Weimarer Klassikern Goethe und Schiller. Den großen Naturwissenschaftlern, Philosophen und Dichtern, die in dialektischem Wechselspiel von Dichtung und Wissenschaft, von Spekulation und Empirie, sich gegenseitig geistig befruchtend, bürgerliches Gedankengut verbreiteten, verdankt die Universität den Glanz der klassischen Zeit. Auf diesem Grund wuchs die antifeudal-oppositionelle Studentenbewegung, die in der Zeit der Befreiungskriege und der Burschenschaftstreffen ihre Kulmination erlebte. Aus dem Umstand, daß die vier Erhalterstaaten der Universität teilweise untereinander zerstritten waren und Entscheidungsfragen wegen der höfischen Bürokratie oft nicht zu klären vermochten, resultierte u.a. die akademische Freiheit an der »Salana«, die am ehesten noch den kulturellen Aktivitäten des »Rector magnificentissimus« folgte – und das war Carl August. »Die unter vier sächsische Herzöge verteilte Gewalt über die Akademie«, urteilte Schiller 1787, »macht diese zu einer ziemlich freien und sicheren Republik, in welcher nicht leicht Unterdrückung stattfindet. ...Die Professoren sind in Jena fast unabhängige Leute und dürfen sich um keine Fürstlichkeit bekümmern. Diesen Vorzug hat Jena unter den Akademien [Universitäten] voraus.«[118]

Wenngleich das Verhältnis zwischen Universität und Weimarer Obrigkeit traditionell ein spannungsvoll-widersprüchliches war,[119] so haben doch Anna Amalia und Carl August sehr gezielt zum Aufbau neuer Fachdisziplinen und zur Herausbildung von Instituten beigetragen. So initiierten die Herzoginmutter und ihr Sohn 1779 gemeinsam mit ihrem Leibarzt Johann Friedrich Hufeland die Gründung der Jenaer Frauenklinik und riefen damit nach Göttingen (1751) die zweitälteste Entbindungsanstalt einer deutschen Universität ins Leben. Sozialhygienische Notwendigkeit, wissenschaftliche Forschung und Lehre vereinigten sich in der sorgfältigen Hebammenausbildung zu einer bis dahin in Deutschland weitgehend unbekannten Praxis, die dem Lande Carl Augusts zugute kam. Folgenreich wurde auch die im Jahre 1779 beginnende Doppelentwicklung von Sammlungen und Lehrgebieten,[120] als der Herzog unter Mitwirkung von Goethe und Loder das umfangreiche »Naturalienkabinett« des verstorbenen Polyhistors Johann Ernst Immanuel Walch erwarb und den Schätzen der Universität einverleibte. Mineralogische, botanische und zoologische Objekte, in althergebrachter Weise die »drei Reiche« der Natur umgreifend, wurden im alten Jenaer Schloß gruppiert, das damit de facto nach und nach den Charakter eines akademischen Institutsgebäudes oder eines wissenschaftlichen Museums erhielt, durch weitere Ankäufe ständig wuchs und an Bedeutung zunahm. Die zwischen 1809 und 1815 entstandenen verschiedenen Aufsichtsbereiche faßte der Herzog in diesem Jahre in der »Oberaufsicht über die unmittelbaren Anstalten für Wissenschaft und Kunst in Weimar und Jena« zusammen, deren Leitung dem Freundes- und Kollegenpaar Goethe und Christian Gottlob Voigt übertragen wurde und die u.a. für die Universität und für die Sammlungsbestände verantwortlich war. Damit hatte sich Carl August eine Verwaltungsinstitution geschaffen, die unter den spezifischen Weimarer Bedingungen den neuen, bürgerlich intendierten Kulturaufgaben gerecht werden konnte.[121] Goethe, der diese Behörde als eines der wundersamsten Departements der Welt bezeichnete, leitete die Geschäfte nach Voigts Tod 1819 allein weiter, unterstützt von seinem Sohn August.

Dank dem ingeniösen Verständnis des Herzogs für die Belange der Universität, der oft selbst als Initiator des Neuen in Erscheinung trat, konnten im Laufe der Jahre weitere wichtige Institute gegründet werden, so z.B. 1794 der Botanische Garten im Fürstengarten zu Jena, 1812 die Jenaer Sternwarte mit einer breiten meteorologischen Aufgabenstellung oder 1816 die Tierarzneischule in Zwätzen, der der Pferdearzt Theobald Renner vorstand. Eine Pioniertat war 1804 die Errichtung des

C. G. v. Voigt,
Pastell von unbekannt, undatiert

»Fürstlich-Sächsisch-Weimarischen Irreninstituts zu Jena« innerhalb der medizinischen Fakultät, das eine Nervenklinik moderner Prägung vorbereitete. Als wissenschaftliche und wissenschaftsorganisatorische Meisterleistungen, die Carl August befördert hat, seien schließlich noch die Öffnung der Kabinette mit den naturwissenschaftlichen Sammlungen für Forschungs- und Lehrzwecke und die seit 1802 betriebene Neuorganisation der Universitätsbibliothek genannt. Die Universität gewann durch all dies in Deutschland den Ruf einer vorbildlichen Einrichtung. So waren es denn auch vor allem Jenenser Erfahrungen, die Wilhelm von Humboldt 1810 bei der Gründung der Berliner Friedrich-Wilhelm-Universität nutzte und weiterführte.

Neue spezialisierte Lehrfächer, z.B. die Pharmazie, die Tierarzneikunde, die Zootomie oder die Mineralogie, konnten sich in einem solchen produktiven Umfeld von den tradierten Mutterdisziplinen, z.B. der Medizin und der Chemie, ablösen und Eigenständigkeit erlangen, was ganz im Trend der damaligen Wissenschaftsentwicklung lag. Carl Augusts lebenslange Aufgeschlossenheit für landwirtschaftliche[122], naturwissenschaftliche und technische Neuerungen hat in diesem Zusammenhang immer fördernde Energien freigesetzt. Genannt seien – als zwei

Beispiele von vielen – hier sein Versuch von 1784, in Ilmenau ein Eisenwerk zu begründen,[123] vor allem aber seine Berichte über die englische Schwerindustrie, die er anläßlich seines Besuches in Großbritannien 1814 an Goethe sandte. Am 6. August 1814 schrieb er: »Was Mechanic betrifft, da ist England das wahre Paradieß dieser Wissenschaft. Einige Meilen nördlich von Birmingham brachte mich Herr Wat zu Steinkohlen und Eisenstein Gruben, bey welchen auch gleich die Usinen, Hammer, und Zieherey en befindlich waren; dorten brannten zugleich die Heerde von 250, sage zweyhundertfunfzig Feuer Machinen, auf der Fläche von einer □ Stunde, welche alle *einer* Gewerckschaft gehörten. Und solcher Gewerckschaften waren dorten mehrere, die an einander grenzten, dergestalt, daß ich nicht zu viel sage, wenn ich vermuthe, mehr wie tausend solcher Feuerschlünde zu gleicher Zeit rauchen gesehn zu haben. Die Sonne wird davon meilenweit verdunckelt, und die ganze Gegend ist mit einem schwarzen Staube, den Niederschlage dieser Räuche, bedecket. Dazu brennen an manchen Stellen Steinkohlenflöze und vermehren diese Gewölcke. In dieser Gegend liegt das alte Schloß Dudley, deßen ehemaliger Besitzer aus der M[aria] Stuart bekannt ist.«[124]

Wie stark diese Eindrücke den Großherzog noch zwei Jahre später bewegten, zeigen weitere briefliche Äußerungen, in denen sich auch der Wissenschaftler und Ökonom bemerkbar machte. Im April 1816 schrieb er an Goethe, auf ein Fachgespräch mit dem Jenaer Geologen anspielend:

»Lenz in Jena wuste nicht, wo die Englischen Mineralien und Steine her waren. Die Eisen, Kohlen und dergleichen Stufen, welche eine Suite ausmachen, sind von den Eisen und Kohlenlager bey Wodansburgh ohngefehr 2 deutsche Meilen von Birmingham. Dorten ist das Kohlenlager 30-40 Fuß mächtig, flözartig; das Hängende oder Dach formirt ein Eisenflöz, ohngefehr 6 Zoll mächtig; das Liegende ist wieder ein Eisenflöz, 2 Schu mächtig. Das Eisen ist ehr weißbrüchig und bloß zu Guß Waaren brauchbar. Ein Herr Baredale dirigirte die Gewerckschaft, welche ich besah, sie bestand aus 40 Mitgliedern. Baredale war ein gemeiner Bergmann gewesen. Bey und zwischen den Gruben, welche das obere Eisenlager kaum 6 Fuß tief unter der Oberfläche finden, stehn die Schmelzen, Hammer und Ziehwerke. 250 Feuer Maschinen arbeiten daselbst auf den Flächenraum von praeter propter 1 1/2 deutsche □ Meile. Das Eisen wird dorten dreymahl geschmolzen, dann unter den großen Hämmern in eine gewiße traitable Form gebracht und paßirt alsdenn gleich in die Ziehwercke, woselbst Stangen, Zaun Eisen, Draht, und Bleche gezogen werden. Das meiste Eisen wird aber zum Gießen gebraucht. Ein eisernes Gitterthor, mit Strebe Pfosten, auf welchen Vasen standen, 12 Fuß lang, 5 hoch, kostete 4 Guinéen. Die Tonne gegoßen Eisen, 20 Centner schwer, kostet in Birmingham 18 Schilling. In der Fläche von Wodansburgh sind wenigstens 20 solche Gewerckschaften, wie die, welche Herr Baredale dirigirte. Da die letztere 250 Feuer Maschinen im ganzen hatte, so brannten praeter propter 250 x 20 = 5 000 dergleichen Maschinen in einen Raum von praeter propter 1 1/2 deutschen $\Box$ Meilen. Zum Rauche dieser Maschinen gesellt sich der, welchen die dortigen häufigen Erdbrände in die Höhe steigen lassen; die blauen Flammen, welche aus der Erde hervor treiben, das schreckliche Feuer der Maschinen geben in dieser Gegend ein Bild der Hölle; meilenweit ist die Sonne durch den schwarzen Dampf verdunckelt. Am westlichen Ende dieser Ebene liegt das Schloß Dudley auf einen Fluß Spat Felsen gebaut, welcher zum Schmelzen als Fluß gebraucht wird.

Einige andere Stücke, welche nicht in die Suite von Wodansburgh gehören, sind aus der Gegend von Bristol.

Laß dieses für Lentzen abschreiben, damit er es in Schranck lege. C.A.«[125]

So aufgeschlossen und vorwärtsdrängend Carl August in wissenschaftlichen Fragen mit den Jenenser Professoren umging, so gereizt und harsch reagierte er, wenn er revolutionäre Tendenzen zu wittern vermeinte. Hufeland bekam es zu spüren, als er 1792 über die neue Verfassung Frankreichs zu lesen begann. Der Herzog, der gerade als preußischer General ins Feld zog, um eben diese Verfassung vom Schauplatz der Geschichte zu fegen, grollte mit unmißverständlich drohendem Unterton nach Thüringen zurück, Gelehrte sollten »bei ihren Leisten bleiben« und sich nicht vermessen, als »Lehrer des Volkes gegen scheinbare Bedrückung aufzurufen und Regenten neu erfundene Pflichten einzuschärfen«.[126] Hufelands Vorprellen ging glimpflich aus; anders dagegen erging es Fichte. Im sogenannten »Atheismusstreit« bekam der populäre Philosophieprofessor und Demokrat 1799 den Ingrimm des Herzogs zu spüren und mußte die »freieste Universität Deutschlands« verlassen, was der »Salana« schweren Schaden zufügte. Der politische Samen ging dennoch auf; auf dem Wartburgfest 1817, das maßgeblich von Jenaer Professoren und Studenten mitgetragen wurde, manifestierte sich der Wille der Burschenschaft, »zur werdenden Einheit des deutschen Volkes« – wie es dann in der Verfassungsurkunde der allgemeinen deutschen Burschenschaft von 1818 hieß – beizutragen.[127]

Es bleibt dennoch als Fazit festzuhalten, daß Carl August als Spiritus rector zum Ruf Jenas als »Stapelstadt des Wissens und der Wissenschaften«[128], wie es Goethe 1800 erfreut bezeichnete, entscheidend beigetragen hat. Seine von Kindheit an vorhandenen Neigungen zu Theater, Poesie und Naturwissenschaften waren es, die ihn mit Goethe und Schiller, mit Wieland und Herder zusammenführten, die ihn die Wissenschaft fördern, die Künste begünstigen und letztlich auch Handwerk und Handel vorwärtsbringen halfen.

DER MENSCH
Zwischen Kickelhahn und Ettersberg

Carl August an Goethe   *W[eimar,] d. 7. Juny 96.*
Die Frau des K. K. Kammerherrn von Stein in Nordheim, Mutter unseres Forst-
meisters, hat mich um das Quartier im Schloße zu Jena bitten laßen, weil sie sich
durch Starcken an einer Crebsbrust operiren laßen will: Ich konnte ihr dieses nicht
abschlagen, weil ich seit langer Zeit in freundschaftlichen Verhältnißen mit der
Steinischen Familie stehe, sie schwerlich ein Quartier in Jena bekommen konnte,
wie sie eines braucht, indem sie gewiß jemanden von ihrer Familie zu ihrer Pflege
mitbringen wird, und sie bey einen so gefährlichen Unternehmen einen ruhigen
Auffenthalt wünschen muste. Keinen andern Platz habe ich ihr einzuräumen als die
ganze mittlere Etage des Schloßes, und da du diese jezt mit Milkau einnimmst, und
es wohl nicht unbillig ist, daß die gesunden einer sehr Krancken weichen, so muß
ich dich bitten der Frau von Stein diesen Raum abzutreten. Du wirst wohl leicht
einen andern Ort finden, wo du die wenige Zeit zubringen kannst, die du noch
abwesend bleiben mögest, und solte dieses sich nicht in Jena finden, so wolte ich dir
das Schloß in Ettersburg vorschlagen, wo du recht abgeschnitten von allen Zer-
streuungen leben könntest. Milkauen biethe ich heute aus, der mag sich einstweilen
wo anderst unterthun. Leb wohl, ich hoffe, daß deine Arbeiten gut von Statten
gehen.   *Carl August.*[129]

Hatten menschliche Züge, charakterliche Stärken und Schwächen, Neigungen oder Liebhabereien eines feudalabsolutistischen Herrschers lange Zeit als von Gott verliehene, außerhalb aller Kritik stehende Attribute gegolten, so wuchs Carl August bereits in eine Zeit hinein, die die Heiligkeit aller Ecken und Kanten eines Fürsten ersetzte durch ein gewisses Maß bürgerlicher Normalität des aristokratischen Daseins. Zu Carl Augusts auffälligsten Eigenschaften zählten die äußere Anspruchslosigkeit seiner Erscheinung, seine Hilfsbereitschaft, seine Tierliebe, die ausgeprägte Jagdleidenschaft, späterhin der ständige Griff nach den unverzichtbaren Zigarren. Bekannt sind die teils albernen, teils derben Streiche aus der Frühzeit des noch unfertigen Herzogs, die zumeist im Verein mit Goethe zum göttlichen Gaudium der einen, zu Spott und Schaden der anderen ersonnen wurden. Es mag darüber gestritten werden, ob es ein »Geniestreich« war, wenn sich der Herzog in Wertherkleidung mit Goethe auf den Weimarer Marktplatz stellte und stundenlang »mit ihm um die Wette mit einer abscheulich großen Parforcekarbatsche« knallte,[130] zumindest aber verstieß es gegen die gültige Stadtordnung von 1590 und hätte eigentlich wenigstens eine kräftige Geldbuße nach sich ziehen müssen. Ähnlich harmlos waren wohl andere übermütige Kraftäußerungen, wie Stelzengehen, Pferderennen, Raufen, winterliches Ilmbaden oder die während der Kreuz- und Querzüge durchs Land veranstalteten nächtlichen Zechereien. Christoph Wilhelm Hufeland, als Kind Zeuge jener »wunderbaren Revolution«, nannte dies alles später wohlwollend eine »heroische Kur«, die den Herzog unter Goethes Mittun abhärtete »für das ganze folgende Leben, so daß er ungeheure Strapazen hat aushalten können«.[131]

Weniger harmlos als das Peitschenknallen vor Weimarer Bürgern waren die Drangsalierungen, die der Überlieferung nach der Stützerbacher Kaufmann Johann Elias Glaser, ein etwas eingebildeter, aber doch biederer Mann, hat über sich ergehen lassen müssen. Nach ausgedehnter Bergtour und »Nachlese« in den verfallenen Stollen und Schächten des Ilmenauer Bergbaus fiel des Herzogs »studentikose« Gesellschaft bei Glaser ein, an der Mittagstafel zulangend und den wohlgefüllt in der Runde kreisenden Bechern alles andere als abhold. Weinselig und zu allerlei Streichen aufgelegt, machte sich die Gesellschaft über den wehrlosen Kaufmann her, und es läßt sich schon vorstellen, welch bacchantisches Vergnügen der neunzehnjährige Carl August empfand, als schließlich, »um es an handgreiflicher Verspottung nicht fehlen zu lassen«, leere und volle Kisten und Tonnen mit Pfeffer, Ingwer, Zucker, »Coffee und Toback« vors Haus getragen und manches gar den Berg »hinuntergekollert« wurde, indes Goethe, nicht weniger peinigend, »das breite, blonde fade Gesicht« aus dem ölgemalten Reputationsporträt in der guten Stube ausschnitt, um dann den lustig herauftobenden Kraftgenies durch die Öffnung im Gemälde das eigene männlich braune, geistige Gesicht »mit den flammenden schwarzen Augen, zwischen der weißen dicken Perücke« zu präsentieren. Glaser freilich dürfte weniger zum Lachen denn zum Weinen zumute gewesen sein.[132] Höchst kurios − wobei der Spieß einmal umgekehrt wurde - ist folgende oft belachte Anekdote, die aber wohl auf Carl Augusts Urgroßvater Ernst August I. zurückgeht und dem Urenkel nur zugedichtet wurde: »In der › tollen ‹ Zeit kamen Carl August und Goethe spät abends zu einer Bauernfrau, und während diese Milch holte, praktizierten sie den Kater ins Butterfaß. − Um den Schaden gutzumachen, gab Carl August bei abermaliger Anwesenheit der Bäuerin ein Goldstück. Die ehrliche Alte machte große Augen, als der Jägersmann ihr ein Goldstück bot, hatte sie doch noch immer keine Ahnung, mit wem sie es zu tun hatte. Dann strich sie das Geld schmunzelnd ein, blinzelte mit den Augen und sagte mit geheimnisvoller Vertraulichkeit: » Die Butter ist an den Hof nach Weimar gekommen, da freten sie alles!«« Einen Augenblick standen die beiden wie erstarrt da. Dann brach der Herzog Carl August in ein herzhaftes Gelächter aus. Goethe aber sprach mit Pathos nur das eine Wort: › Nemesis ‹.[133]

Die in thüringischer Mundart überlieferte Variante[134] dieser zumindest treffend Carl Augusts Wesen charakterisierenden Anekdote ist naturgemäß noch weitaus köstlicher zu lesen. Über seine ersten Weimarer Jahre und des jungen Herzogs Unfertigkeiten resümierte Goethe später, im Jahr 1828, in einem Gespräch mit Eckermann:

»› Wie leid tut es mir ‹, sagte ich [Eckermann], › daß ich nicht viel mehr von ihm gekannt habe als sein Äußeres; doch das hat sich mir tief eingeprägt. Ich sehe ihn noch immer auf seiner alten Droschke, im abgetragenen alten Mantel und Militärmütze und eine Zigarre rauchend, wie er auf die Jagd fuhr, seine Lieblingshunde nebenher. Ich habe ihn nie anders fahren sehen als auf dieser unansehnlichen alten Droschke, auch nie anders als zweispännig. Ein Gepränge mit sechs Pferden und Röcke mit Ordenssternen scheint nicht sehr nach seinem Geschmack gewesen zu sein. ‹

› Das ist ‹, erwiderte Goethe, › jetzt beim Fürsten überhaupt kaum mehr an der Zeit. Es kommt jetzt darauf an, was einer auf der Waage der Menschheit wiegt; alles übrige ist eitel. Ein Rock mit dem Stern und ein Wagen mit sechs Pferden imponiert nur noch allenfalls der rohesten Masse, und kaum dieser. Übrigens hing die alte Droschke des Großherzogs kaum in Federn. Wer mit ihm fuhr, hatte verzweifelte Stöße auszuhalten. Aber das war ihm eben recht. Er liebte das Derbe und Unbequeme und war ein Feind aller Verweichlichung. ‹

› Spuren davon ‹, sagte ich, › sieht man schon in ihrem Gedicht ‚Ilmenau‘, wo Sie ihn nach dem Leben gezeichnet zu haben scheinen. ‹

› Er war damals sehr jung ‹, erwiderte Goethe, › doch ging es mit uns freilich etwas toll her. Er war wie ein edler Wein, aber noch in gewaltiger Gärung. Er wußte mit seinen Kräften nicht wo hinaus, und wir waren oft sehr nahe am Halsbrechen. Auf Parforcepferden über Hecken, Gräben und durch Flüsse, und bergauf bergein sich tagelang abarbeiten, und dann nachts unter freiem Himmel kampieren, etwa bei einem Feuer im Walde; das war nach seinem Sinne. Ein Herzogtum geerbt zu haben war ihm nichts, aber hätte er sich eins erringen, erjagen und erstürmen können, das wär ihm etwas gewesen.

Das Ilmenauer Gedicht ‹, fuhr Goethe fort, › enthält als Episode eine Epoche, die im Jahre 1783, als ich es schrieb, bereits mehrere Jahre hinter uns lag, so daß ich mich selber darin als eine historische Figur zeichnen und mit meinem eigenen Ich früherer Jahre eine Unterhaltung führen konnte. Es ist darin, wie Sie wissen, eine nächtliche Szene vorgeführt, etwa nach einer solchen halsbrechenden Jagd im

Gebirge. Wir hatten uns am Fuße eines Felsens kleine Hütten gebaut und mit Tannenreisern gedeckt, um darin auf trockenem Boden zu übernachten. Vor den Hütten brannten mehrere Feuer, und wir kochten und brieten, was die Jagd gegeben hatte. Knebel, dem schon damals die Tabakspfeife nicht kalt wurde, saß dem Feuer zunächst und ergötzte die Gesellschaft mit allerlei trockenen Späßen, während die Weinflasche von Hand zu Hand ging. Seckendorff, der schlanke mit den langen feinen Gliedern, hatte sich behaglich am Stamm eines Baumes hingestreckt und summte allerlei Poetisches. Abseits in einer ähnlichen kleinen Hütte lag der Herzog im tiefen Schlaf. Ich selber saß davor, bei glimmenden Kohlen, in allerlei schweren Gedanken, auch in Anwandlungen von Bedauern über mancherlei Unheil, das meine Schriften angerichtet. Knebel und Seckendorff erscheinen mir noch jetzt gar nicht schlecht gezeichnet, und auch der junge Fürst nicht in diesem düstern Ungestüm seines zwanzigsten Jahres.

Der Vorwitz lockt ihn in die Weite,
Kein Fels ist ihm zu schroff, kein Steg zu schmal;
Der Unfall lauert an der Seite
Und stürzt ihn in den Arm der Qual.
Dann treibt die schmerzlich überspannte Regung
Gewaltsam ihn bald da, bald dort hinaus,
Und von unmutiger Bewegung
Ruht er unmutig wieder aus.
Und düster wild an heitern Tagen,
Unbändig, ohne froh zu sein,
Schläft er, an Seel und Leib verwundet und zerschlagen,
Auf einem harten Lager ein.

So war er ganz und gar. Es ist darin nicht der kleinste Zug übertrieben. Doch aus dieser Sturm- und Drangperiode hatte sich der Herzog bald zu wohltätiger Klarheit durchgearbeitet, so daß ich ihn zu seinem Geburtstage im Jahre 1783 an diese Gestalt seiner früheren Jahre sehr wohl erinnern mochte.

Ich leugne nicht, er hat mir anfänglich manche Not und Sorge gemacht. Doch seine tüchtige Natur reinigte sich bald und bildete sich bald zum Besten, so daß es eine Freude wurde, mit ihm zu leben und zu wirken. ‹‹[135]

Zu dieser Wandlung trug nicht unwesentlich die Schweizreise von 1779 bei, auf der Carl August viele seiner pubertären Unarten schon abgelegt hatte. Der Landvogt zu Gottstadt, Nikolaus Anton Kirchberger, lernte ihn in diesem Jahr als sichtbar gereiften Mann kennen; sein Urteil lautete: »Ein gütiger bescheidener, seine eigene Würde fühlender, über aller Schmeichelei hinweg gesetzter Herr, der, obschon noch jung, gewiß nicht ohne Kenntnisse ist.«[136] Auch äußerlich begann

Feuer im Walde, Bleistiftzeichnung von J. W. Goethe, 1776/77

sich Carl August in dieser Zeit zu verändern. An Lavater berichtete Goethe im März 1780, daß sich der Herzog die Haare habe abschneiden lassen, womit er sich der Mode des sogenannten »Schwedenkopfes« anschloß. »...es ist eine ganz neue Dekoration«, bemerkte Goethe im Brief amüsiert, »ich will dir zum Spas die Silhouette schicken.«[137]

Zahlreich sind die Berichte von Zeitgenossen, die noch das Bild späterer Generationen von Carl August idealisieren und verschönen halfen. Bettina von Arnim brachte nach Goethes Tod in ihrer verklärenden Sicht auf den Dichter selbst eine solche idyllische Episode aus dem Jahre 1811 zu Papier, an die sich die Klischees des 19. Jahrhunderts anfügen konnten: »Heute, wie sie in der frühen Morgenstunde vor dem Römischen Haus Musik machten und wie der Herzog hervortrat und die großen Hunde ungeduldig den Menschen zuvoreilten und ihm an den Hals sprangen, das kam mir so feierlich vor, wie er sich freundlich ihren ungestümen Liebkosungen preisgab und über sie hinaus dem Volk winkte, das ihn mit Jauchzen begrüßte. Da teiltest Du [Goethe] plötzlich die Menge, das Vivat verdoppelte sich bei Deiner Erscheinung; die beiden hohen Freunde miteinander auf und ab schreiten zu sehen, hoch an Geist und Milde, das war dem Volk ein heilig Schauspiel, und sie sagten alle: › Welch seltnes Paar! ‹ — Und viel Schönes wurde von Euch gesprochen, jede Eurer Bewegungen wurde beachtet: Er lächelt, er wendet sich, der Herzog stützt sich auf ihn! Sie reichen einander die Hände! Jetzt lassen sie sich nieder! — So wiederholte das Volk mit heiligem Schauer alles, was zwischen Euch beiden vorging. Ach, mit Recht, denn aus Euer beider vereinten Liebe ging ein Glück hervor, das wissen sie alle; und wie ihr lange miteinander Rede führtet, da harrte die Menge schweigend, als ob der Segen von Jahrhunderten auf es herabgerufen werde.«[138]

Nicht jeder hatte wie Goethe das Glück, mit dem Herzog überwiegend in Harmonie zu leben. Schon in Carl Augusts nächster Umgebung gab es Menschen, an denen dieses Glück durchaus vorbeiging. Wirft man einen Blick auf das Schicksal seines weitgehend vergessenen Bruders Friedrich Ferdinand Constantin — nur ein Denkstein im Tiefurter Park erinnert an Anna Amalias »zweyten und letzten, zu früh abgeschiednen Sohn« —, so eröffnen sich tiefe Einblicke in die dynastische Denk- und Handlungsweise Carl Augusts. Constantin, der »unbehauste Prinz«, wie ihn sein jüngster Biograph nannte,[139] war knapp ein Jahr jünger als sein Bruder. Durch das Erstgeburtsrecht von jeglicher Machtausübung ausgeschlossen, stets im Schatten Carl Augusts stehend, starb er nach einem wechselvollen Leben als kursächsischer Generalmajor und Kommandant eines Querfurter Regiments 1793, zwei Tage vor seinem 35. Geburtstag, an einer grassierenden Epidemie. Von völlig entgegengesetzter Gemütsart — war Carl

Constantin von Sachsen-Weimar-
Eisenach, Öl a. L. von
J. H. W. Tischbein, 1780/81

August rege, derb, vital, unsensibel, so Constantin zurückhaltend, zart, nervös, übersensibel —, hatte sich bei dem Älteren schon früh ein abschätziges Urteil über den Bruder verfestigt. Constantins Privatleben, das zuweilen tragische Züge aufweist, war stets im hohen Maße fremdbestimmt, konnte er sich doch als Bezieher einer herzoglichen Apanage von 7 000 Talern jährlich ökonomisch nie von der Vormundschaft des regierenden Bruders befreien. Liebesbeziehungen, die er anknüpfte, wurden regelmäßig von der herzoglichen Familie, vor allem vom Bruder selbst, unterbunden, so daß Constantin von Enttäuschung zu Enttäuschung trieb. »Liebesabenteuer« des Prinzen auf seinen Reisen nach Italien, Frankreich und England verstärkten Carl Augusts Abneigung gegen den Jüngeren noch, obwohl er doch selbst keineswegs ein Muster an Keuschheit war. Constantins Verhältnis mit der Französin Nanette Dersaincourt, das sich 1782 in Paris entspann, erregte des Herzogs Zorn auf das fürchterlichste, nachdem er erfahren hatte, daß sie den Prinzen auf seiner Englandreise begleitete. Der Bruder, so Carl August, habe damit die Ehre »eines der ersten Häuser Teutschlands und der Welt« befleckt, er führe ein elendes Dasein, »ja das Leben eines verlofenen Kaufmannssohnes ... in der Gesellschaft einer Landstreicherin«.[140]

103

Nanette, auf ihren Ruf bedacht, nahm die Sache mit weiblicher Entschlossenheit in die Hände – freilich ohne jegliche Chance auf einen Erfolg. An den ehemaligen Erzieher Knebel schrieb Constantin: »Dieses kränkte ihr und mir und um ihren und meinen guten Namen kein übles zu lassen, entschloß sie sich plötzlich, nach Weimar zu gehn, sich meiner Familie präsentieren und sie um Schutz und protection zu bitten (...) sie sagt, man könne wohl mit einer leben, ohne deswegen schlecht zu sein, mit aufrichtiger Liebe. Der Schritt, den sie tut, scheint mir edel, dieserwegen hielt ich sie nicht ab.«[141] Nur bis Eisenach wagte er sie zu begleiten, dann kehrte er mutlos um, denn er hatte – wie er der Mutter Anna Amalia schrieb – »Furcht für den Herrschenden in Weimar, welcher Ihnen gar wohl bekannt ist und immer dicker wird«[142]. Die Französin wurde bei Hofe natürlich nicht empfangen, sondern zunächst nach Tannroda geschickt, wo sie wahrscheinlich entband, dann von Goethes Diener im Hochsommer 1783 nach Paris zurückbegleitet. Einer neuen Liaison in England zuliebe nahm der Prinz 12 000 Taler Schulden in Kauf, die aus der Weimarer Staatsschatulle beglichen werden mußten; aber auch seiner englischen Lucy hatte Constantin auf Druck Carl Augusts wieder zu entsagen. Verständlicherweise wurde nach all diesen Vorfällen das Zerwürfnis zwischen den Brüdern immer tiefer. Der Pferdekenner Carl August schlußfolgerte abschätzig: »Ein Pferd, das stolpert, kann es aus Versehen oder Zufall tun, Knicken ist aber ein unheilbares Übel.«[143] Constantins letzter Versuch, mit seiner Jugendliebe, der Kleinadligen Caroline von Ilten, ein häusliches Glück zu begründen, scheiterte ebenfalls, da nach dem Hausgesetz ein apanagierter Prinz bei einer Mesalliance auf 3 000 Taler zurückgestuft worden wäre, auf die zudem Witwe und Kinder keinen Anspruch hätten erheben können. Carl August brachte aus seiner Sicht den Sachverhalt in seiner trockenen Art auf den für den Betroffenen bitteren Punkt: » ... denn im Grunde ist es nicht nötig, daß er heirate, da ich zwei Söhne habe und sonsten die Familie gar sehr durch Apanagen geschwächt wird.«[144] 1784 trat der »unbehaute Prinz« in die kursächsische Armee ein; auf dem Feldzug von 1793 erkrankte er an der Ruhr und starb am 6. September in Wiebelskirchen.

Mehr Liebe als dem eigenen Bruder, so könnte man versucht sein zu meinen, brachte Carl August seinen Hunden entgegen, von denen der Jagdbesessene stets einige um sich hatte. Die Jagd in den Weiten des Thüringer Waldes, besonders um den Kickelhahn bei Ilmenau herum, wo das Jagdhaus Gabelbach und die gastlichen Häuser von Stützerbach einen bequemen Aufenthalt boten, hat Carl August zeitlebens über alles andere geliebt. Das Jagdhaus ließ er im Sommer 1783 bauen, als er den Herzog von Kurland als Jagdgast erwartete. Rot- und Auerwild, d.h. Hirsche und Rehe, Auer- und Birkhühner waren die begehrte Beute, wie die noch heute vorhandenen Jagdtrophäen verraten. Der Oberforstmeister des Reviers und

Carl August von der Jagd zurückkehrend, Steindruck von Baile & Walther, undatiert

die zuständigen Wildmeister hatten regelmäßig Berichte über das anstehende Wild zu liefern. Immer wieder gab es Differenzen zwischen dem jagdlustigen Herzog und den von Wildschäden auf ihren Feldern gepeinigten Bauern. In einem taktisch geschickten Schreiben an den Herzog vom Dezember 1784 versuchte Goethe mit behutsamer sozialer Argumentation, Carl Augusts Jagdleidenschaft im Interesse der Landbevölkerung einzudämmen:

»Auch die Jagdlust gönn ich Ihnen von Herzen und nähre die Hoffnung daß sie dagegen nach Ihrer Rückkunft die Ihrigen von der Sorge eines drohenden Übels befreyen werden. Ich meine die wühlenden Bewohner des Ettersberges. Ungern erwähn ich dieser Thiere weil ich gleich Anfangs gegen deren Einquartirung protestirt und es einer Rechthaberey ähnlich sehn könnte daß ich nun wieder gegen sie zu Felde ziehe. Nur die allgemeine Aufforderung kann mich bewegen ein fast gelobtes Stillschweigen zu brechen und ich schreibe lieber, denn es wird eine der ersten Sachen seyn die Ihnen bey Ihrer Rückkunft vorgebracht werden. Von dem Schaden selbst und dem Verhältniß einer solchen Heerde zu unsrer Gegend sag ich nichts, ich rede nur von dem Eindrucke den es auf die Menschen macht. Noch habe ich nichts so allgemein mißbilligen sehn, es ist darüber nur Eine Stimme. Gutsbesitzer, Pächter, Unterthanen, Dienerschafft, die Jägerey selbst alles vereinigt sich in dem Wunsche diese Gäste vertilgt zu sehn. Von der Regierung zu Erfurt ist ein Communicat deswegen an die unsrige gegangen.

Was mir dabey aufgefallen ist und was ich Ihnen gern sage, sind die Gesinnungen der Menschen gegen Sie die sich dabey offenbaren. Die meisten sind nur wie erstaunt als wenn die Thiere wie Hagel vom Himmel fielen, die Menge schreibt Ihnen nicht das Übel zu, andre gleichsam nur ungern und Alle vereinigen sich darinne daß die Schuld an denen liege die statt Vorstellungen dagegen zu machen, Sie durch gefälliges Vorspiegeln verhinderten das Unheil das dadurch angerichtet werde einzusehn. Niemand kann sich dencken daß Sie durch eine Leidenschafft in einen solchen Irrthum geführt werden könnten um etwas zu beschliesen und vorzunehmen was Ihrer übrigen Denckens und Handlens Art, Ihren bekannten Absichten und Wünschen geradezu widerspricht.

Der Landkommissair hat mir gerade in's Gesicht gesagt daß es unmöglich sey, und ich glaube er hätte mir die Existenz dieser Creaturen völlig geläugnet wenn sie ihm nicht bey Lützendorf eine Reihe frisch gesetzter Bäume gleich die Nacht drauf zusammt den Pfälen ausgehoben und umgelegt hätten.

Könnten meine Wünsche erfüllt werden; so würden diese Erbfeinde der Cultur, ohne Jagdgeräusch, in der Stille nach und nach der Tafel aufgeopfert, daß mit der zurückkehrenden Frühlingssonne die Umwohner des Ettersbergs wieder mit frohem Gemüth ihre Felder ansehen könnten.

Der Ettersberg bei Weimar, kolorierte Lithographie von unbekannt, undatiert

Man beschreibt den Zustand des Landmanns kläglich und er ist's gewiß, mit welchen Übeln hat er zu kämpfen – Ich mag nichts hinzusetzen was Sie selbst wissen. Ich habe Sie so manchem entsagen sehn und hoffe Sie werden mit dieser Leidenschafft den Ihrigen ein Neujahrsgeschenck machen, und halte mir für die Beunruhigung des Gemüths, die mir die Colonie seit ihrer Entstehung verursacht, nur den Schädel der gemeinsamen Mutter des verhassten Geschlechtes aus, um ihn in meinem Cabinete mit doppelter Freude aufzustellen.«[145]

Neben der Jagd im Thüringer Wald und der Schweinshatz auf dem Ettersberg gab es traditionell Hasenjagden um Apolda. Die »Jagd in Roßla«, einem Dörfchen bei Apolda, wurde meist im Herbst angesetzt, weil – wie in einem Brief Carl Augusts an Goethe vom November 1788 zu lesen – die Hasen zu der Zeit anfingen, »in die Sächsischen Hölzer zu desertiren«.[146] Treibjagden zogen sich über Stunden hin, wobei der Herzog bei seiner Lieblingsbeschäftigung keine Hindernisse kannte: »So eben komme ich von einer Jagd zurück, die uns gestern Abend biß in die Dunckelheit in die jenaischen Berge geführt hat, wo der Hirsch gefangen wurde. Bei Berka hatten wir angelegt. Wir waren so entsetzlich durchnäßet und die Pferde dergestallt caput geritten, daß wir in Magdala bleiben musten. Die Garderobe des Oberförsters, seiner Frau, Kinder und Knechte wurde dabey sehr geplündert.«[147] Ein anderes Mal berichtete Carl August stolz von der vortrefflichen Jagdbeute: »die Hühner werden Schock und Hundertweise täglich geschoßen«[148], und oft ist in den Herbstbriefen des Fürsten davon die Rede, daß die »reichen Haasen- und Hühner Jagden jezt alle Zeit täglich« wegnähmen.[149]

Eine Jagd freilich drückte den Herzog so schwer auf die Seele, daß er auf sie verzichtete: Als Napoleon während des Erfurter Fürstenkongresses 1808 eine Hasenjagd auf dem Schlachtfeld von Jena ausrichtete, wo er 1806 die Preußen vernichtend geschlagen hatte, blieb Carl August dem makabren Schauspiel demonstrativ fern. Im übrigen sei hier auf die bemerkenswerte Tatsache hingewiesen, daß die Freundschaft zwischen Goethe und dem Herzog beider völlig gegensätzliche Beurteilung der Persönlichkeit Napoleons aushalten konnte.[150]

Von menschlichem Leid fühlte sich der Herzog stets angerührt; das belegt sein Verhalten gegenüber seinen Füsilieren während der Feldzüge in den neunziger Jahren oder auch ein Fall, wie ihn der eingangs zitierte Brief schildert. Bei Katastrophen und Unglücksfällen, Überschwemmungen etwa oder Feuersbrünsten, stand er als Helfer in der vordersten Reihe. Auch die »Katastrophe« der von vielen als Mesalliance gesehenen Verbindung des Ministers Goethe mit dem Bürgermädchen Christiane Vulpius behandelte er als wahrer Freund: Seit den neunziger Jahren hat er Christiane als Goethes Partnerin uneingeschränkt akzeptiert und dessen – im Zeitsinne – zweifelhafte Familiensituation in Schutz genommen.

Carl August vor dem Tempelherrenhaus im Weimarer Park,
Kupferstich von unbekannt, undatiert

Kurios muten heute die Umgangsformen an, die besonders von seiten Goethes gegenüber Carl August trotz lebenslanger Freundschaft nach den ersten, stürmischen Jahren immer eingehalten wurden. Die folgende Anekdote liefert dafür einen humorvollen Beleg: »Der Großherzog Carl August nahm bisweilen Gelegenheit, seinen alten Freund in jener Beziehung ein wenig zu necken. Schon längst bestand das gegenseitige vertrauliche Du nicht mehr zwischen Fürst und Dichter. Der Großherzog allerdings duzte Goethe mündlich und schriftlich, im privaten und oft auch im amtlichen Verkehr, während Goethe ihn stets mit Königliche Hoheit und Sie anredete. Einst hatte Goethe dem Großherzog, wie es regelmäßig geschah, auf einem zur Hälfte gebrochenen Bogen mehrere amtliche Angelegenheiten mit seinen › untertänigsten Vorschlägen und Gutachten zur höchsten Beschlußfassung ‹ sub. Nr. 1 bis 8 vorgelegt. Der Großherzog pflegte auf die leer gelassene Hälfte der Seite neben jede Nummer seine Resolution kurz zu schreiben. Diesmal wurden mehrere akademische Angelegenheiten, einige Abänderungen an Bauplänen und dergleichen mehr, schriftlich vorgetragen, und zuletzt hieß es sub Nr. 8: › Auch wollte Serenissimum untertänigst um Erteilung eines achttägigen Urlaubs behufs einer Reise nach Ilmenau gebeten haben. ‹ Die Resolution, welche Carl August an den Rand schrieb, lautete: › Kneif ex! ‹«[151] Maria Pawlowna, die Schwiegertochter des Fürsten, hat Carl August demnach nicht zu Unrecht als einen der »denkbar originellsten Menschen« charakterisiert, »der glücklich ist, wenn ihm ein Bonmot einfällt, das so amüsant ist, daß seine Zuhörer sich darüber totlachen«.[152]

Der soeben mit einer Anekdote zitierte Chronist Julius Schwabe weiß von einem weiteren Fall zu berichten, wo Carl August, ganz impulsiv und geradeheraus reagierend, sich über das steife Zeremoniell hinwegsetzte. Als König Ludwig von Bayern Goethe 1827 zum Geburtstag gratulierte und ihm bei dieser Gelegenheit das Großkreuz des Verdienstordens der Bayrischen Krone überreichte, glaubte er sich bei dem anwesenden Großherzog der Genehmigung zur Annahme versichern zu müssen. Sein umständliches und zeremoniöses »Ich darf wohl hoffen, daß Eure Königliche Hoheit mir Höchstihre landesherrliche Erlaubnis zur Annahme und Anlegung dieses unschätzbaren Beweises der Huld seiner Majestät in Gnaden erteilen werden« beantwortete Carl August lachend und schulterklopfend mit einem »Alter Kerl, schwatz doch nicht so dummes Zeug«.[153] Dabei war der Weimarer Herzog dereinst an anderen Höfen selbst zeremoniell und prätentiös aufgetreten: Bei einem Besuch der Erfurter Statthalterei 1789 stelzte der Weimarer Potentat mit »mächtigen Reiterstiefeln« und »steifen, ernsten Heldenschritten« zwischen den Gästen umher, wobei nicht nur der »recht venerable Bauch« und das »wie ausgestopfte« Gesicht zu »seiner angenommenen Gravitaet« beitrugen.[154]

In seinen Aufzeichnungen über das ausführliche Gespräch mit dem Dichter vom 23. Oktober 1828, das sich um die Person des verstorbenen Großherzogs drehte, hat Eckermann zusammenfassende Urteile Goethes, der den Fürsten kennen mußte wie kein zweiter, über Carl August festgehalten. Ein »bedeutender Mensch« sei dieser gewesen, ein »außerordentlicher Geist«, voll von Kenntnissen über das ganze Reich der Natur wie selten einer seines Standes. Und weiter bemerkte Goethe: » Er hatte die Gabe, Geister und Charaktere zu unterscheiden und jeden an seinen Platz zu stellen. Das war sehr viel. Dann hatte er noch etwas, was ebensoviel war, wo nicht noch mehr: er war beseelt von dem edelsten Wohlwollen, von der reinsten Menschenliebe, und wollte mit ganzer Seele nur das Beste. Er dachte immer zuerst an das Glück des Landes und ganz zuletzt erst ein wenig an sich selber. Edlen Menschen entgegenzukommen, gute Zwecke befördern zu helfen war seine Hand immer bereit und offen. Es war in ihm viel Göttliches. Er hätte die ganze Menschheit beglücken mögen. Liebe aber erzeugt Liebe. Wer aber geliebt ist, hat leicht regieren.

Und drittens: er war größer als seine Umgebung. Neben zehn Stimmen, die ihm über einen gewissen Fall zu Ohren kamen, vernahm er die elfte, bessere in sich selber. Fremde Zuflüsterungen glitten an ihm ab, und er kam nicht leicht in den Fall, etwas Unfürstliches zu begehen, indem er das zweideutig gemachte Verdienst zurücksetzte und empfohlene Lumpe in Schutz nahm. Er sah überall selber, urteilte selber und hatte in allen Fällen in sich selber die sicherste Basis. Dabei war er schweigsamer Natur, und seinen Worten folgte die Handlung. ...

› Sie machten ‹, bemerkte ich, › in dieser ersten Zeit mit ihm eine einsame Reise durch die Schweiz. ‹

› Er liebte überhaupt das Reisen ‹, erwiderte Goethe, › doch war es nicht sowohl um sich zu amüsieren und zu zerstreuen, als um überall die Augen und Ohren offen zu haben und auf allerlei Gutes und Nützliches zu achten, das er in seinem Lande einführen könnte. Ackerbau, Viehzucht und Industrie sind ihm auf diese Weise unendlich viel schuldig geworden. Überhaupt waren seine Tendenzen nicht egoistisch, persönlich, sondern rein produktiver Art, und zwar produktiv für das allgemeine Beste. Dadurch hat er sich denn auch einen Namen gemacht, der über dieses kleine Land weit hinausgeht. ‹

› Sein sorgloses einfaches Äußere ‹, sagte ich, › scheint anzudeuten, daß er den Ruhm nicht suche und daß er sich wenig aus ihm mache. Es schien, als sei er berühmt geworden ohne sein weiteres Zutun, bloß wegen seiner stillen Tüchtigkeit. ‹

› Es ist damit ein eigenes Ding ‹, erwiderte Goethe. › Ein Holz brennt, weil es Stoff dazu in sich hat, und ein Mensch wird berühmt, weil der Stoff dazu in ihm vorhanden. Suchen läßt sich der Ruhm nicht, und alles Jagen danach ist eitel. Es kann sich wohl jemand durch kluges Benehmen und allerlei künstliche Mittel eine Art von Namen machen. Fehlt aber das innere Juwel, so ist es eitel und hält nicht auf den andern Tag.

Ebenso ist es mit der Gunst des Volkes. Er suchte sie nicht und tat den Leuten keineswegs schön; aber das Volk liebte ihn, weil es fühlte, daß er ein Herz für sie habe. «»[155]

Der wichtigste Satz in Goethes Urteil, das bei aller Idealisierung des Fürsten auch die Widersprüchlichkeit seiner Gesamtpersönlichkeit einschließt, stehe hier, gleichsam ein erratischer Block, am Schluß:

»Er war ein Mensch aus dem Ganzen.«

WEIMAR

DAS MAUSOLEUM.

GÖTHE   CARL AUGUST   SCHILLER

Epilog

Am 13. September 1875 wurde auf dem damaligen »Fürstenplatz« das von Adolf Donndorf entworfene und in Lauchhammer gegossene Carl-August-Denkmal enthüllt. Der Anlaß war der 100. Jahrestag des Regierungsantrittes, und die Pose des Herrschers verrät die heroisierende Auffassung des 19. Jahrhunderts. 53 Jahre stand er an der Spitze seines kleinen Fürstentums Sachsen-Weimar-Eisenach, dessen unbedeutende Haupt- und Residenzstadt Weimar sich unter seiner Regierung zum geistigen Mittelpunkt Deutschlands wandelte. Als Carl August, der am 14. Juni 1828 gestorben war, in der von seinem Baumeister Clemens Wenzeslaus Coudray errichteten »Fürstengruft« beigesetzt wurde, war Weimars Ruhm schon zur Legende verfestigt. Immer wieder haben die Nachkommenden in dieser Stadt, ob sie nun Franz Liszt oder Franz Dingelstedt, Rudolf Steiner oder Christian Rohlfs, Henry van de Velde oder Walter Gropius, Wassili Kandinsky oder Harry Graf Kessler hießen, sich dieser Kunsttradition Weimars verpflichtet gefühlt, so sehr auch die künstlerischen, philosophischen oder politischen Credos voneinander unterschieden sein mochten. Hieran anzuknüpfen ist Weimars Chance für die Zukunft: sich zu einer deutschen Kulturmetropole von äußerer und innerer Attraktivität zu entwickeln, in der der Gedanke europäischer Gemeinsamkeit und weltweiter Toleranz sich in die Tat umsetzt. Möge die Vision Wirklichkeit werden!

Anmerkungen

WA = Goethes Werke. Hrsg. im Auftrage der Großherzogin Sophie von Sachsen. Weimar 1887-1919 (Weimarer Ausgabe). Abteilung I: Poetische Werke und Schriften; Abteilung II: Naturwissenschaftliche Schriften; Abteilung III: Tagebücher; Abteilung IV: Briefe.

1 Vgl. u.a.: Siegmar Schultze, Die Burg Wettin und die Wettiner. Halle 1912.

2 Vgl. auch: Georg Mentz, Weimarische Staats- und Regentengeschichte vom Westfälischen Frieden bis zum Regierungsantritt Carl Augusts. Jena 1936, S. 3-47.

3 WA IV 35, S. 124.

4 Carl August von Weimar. Ein Leben in Briefen. Hrsg. von Hans Wahl. Weimar (1928), S.1.

5 Zit. nach: Hans Tümmler, Freiherr vom Stein und Carl August von Weimar. Köln und Weimar 1974, S.7.

6 Vgl. Die Bildnisse Carl Augusts von Weimar. Hrsg. von Hans Wahl. Weimar 1925, Tafel 4 (Schriften der Goethe-Gesellschaft. Band 38).

7 Vgl. Peter Kaeding, August von Kotzebue. Auch ein deutsches Dichterleben. Berlin 1985.

8 Zit. nach: Wilhelm Bode, Karl August von Weimar. Jugendjahre. Berlin 1913, S. 14.

9 Vgl. Volker L. Sigismund, Ein unbehauster Prinz − Constantin von Sachsen-Weimar (1758-1793), der Bruder des Herzogs Carl August. Ein biographischer Essay. In: Goethe-Jahrbuch. Band 106, Weimar 1989, S. 250 bis 277.

10 Zit. nach: Bode, Karl August von Weimar. Jugendjahre, S. 24.

11 Historische und politische Denkwürdigkeiten des königlich preußischen Staatsministers Johann Eustach Grafen von Görtz aus dessen hinterlassenen Papieren entworfen. 1. Teil, Stuttgart und Tübingen 1827, S. 12.

12 Vgl. Goethe in Weimar. Ein Kapitel deutscher Kulturgeschichte. Hrsg. von Karl-Heinz Hahn. Fotografiert von Jürgen Karpinski. Leipzig 1986, S. 51f.

13 Zit. nach: Theodor Lockemann, Zur Erziehungsgeschichte Carl Augusts. In: Jahrbuch der Goethe-Gesellschaft. Band 2, Weimar und Leipzig 1915, S. 142f. − Vgl. auch: Briefe eines Printzen Hofmeisters über Basedows Printzen Erziehung und hauptsächlich über dessen Agathokrator. Heilbronn 1771, S. 14.

14 Zit. nach: Bode, Karl August von Weimar. Jugendjahre, S. 111f.

15 Anna Amalia an Minister von Fritsch, 9. Dezember 1773. In: Carl Frh. von Beaulieu-Marconnay, Anna Amalia, Carl August und der Minister von Fritsch. Beitrag zur deutschen Kultur- und Literaturgeschichte des achtzehnten Jahrhunderts. Weimar 1874, S. 56.

16 Zit. nach: Bode, Karl August von Weimar. Jugendjahre, S. 191.

17 Carl August von Weimar. Ein Leben in Briefen, S.6ff.

18 Vgl. Von Beaulieu-Marconnay, Anna Amalia, Carl August und der Minister von Fritsch, S. 151.

19 Goethe aus näherem persönlichen Umgange dargestellt. Ein nachgelassenes Werk von Johannes Falk. Leipzig 1832, S. 125f.

20 Vgl. Von Beaulieu-Marconnay, Anna Amalia, Carl August und der Minister von Fritsch, S. 156.

21 WA IV 6, S. 16.

22 WA III 1, S. 64.

23 WA III 1, S. 75.

24 WA III 1, S. 73.

25 WA III 1, S. 78f.

26 WA III 1, S. 84.

27 WA III 1, S. 86.

28 WA III 1, S. 87.

29 WA III 1, S. 92.

30 Vgl. u.a.: Jochen Klauß, Goethe unterwegs. Eine kulturgeschichtliche Betrachtung. Weimar 1989, S. 30-36.

31 WA IV 4, S. 154.

32 WA III 1, S. 105.

33 WA IV 5, S. 73.

34 Carl August von Weimar. Ein Leben in Briefen, S. 3f.

35 WA I 27, S. 327.

36 Zit. nach: Eleonore von Bojanowski, Louise Grossherzogin von Sachsen-Weimar und ihre Beziehungen zu den Zeitgenossen. Stuttgart und Berlin 1903, S. 21f.

37 Kanzler Friedrich von Müller, Unterhaltungen mit Goethe. Weimar 1982, S. 182.

38 Goethe in Weimar, S. 58f.

39 Von Bojanowski, Louise Grossherzogin von Sachsen-Weimar, S. 39.

40 WA IV 3, S. 24.

41 WA IV 3, S. 26f.

42 Wielands Briefwechsel. Band 5: Briefe der Weimarer Zeit. Hrsg. von Hans Werner Seiffert. Berlin 1983, S. 482.

43 Zit. nach: Von Bojanowski, Louise Grossherzogin von Sachsen-Weimar, S. 85.

44 Zit. nach: ebenda, S. 146.

45 Zit. nach: ebenda, S. 157.

46 Vgl. ebenda, S. 118ff.

47 Jahrbuch der Goethe-Gesellschaft. Band 11, Weimar 1925, S. 116.

48 Ebenda, S. 129.

49 WA IV 5, S. 68.

50 WA IV 5, S. 70.

51 WA IV 5, S. 73.

52 WA IV 5, S. 76f.

53 Schriften der Goethe-Gesellschaft. Band 16, Weimar 1901, S. 352f.

54 Nach: Von Bojanowski, Louise Grossherzogin von Sachsen-Weimar, S. 233 (5 Thermidor l'an 6 de la République).

55 Zitiert nach: Treffliche Wirkungen. Anekdoten von und über Goethe. Hrsg. von Anita und Walter Dietze. Band 1, Weimar 1987, S. 319.

56 Zitiert nach: Carl August von Weimar. Ein Leben in Briefen, S. 126.

57 Ebenda, S. 46-49.

58 WA I 39, S. 239.

59 WA I 14, S. 99.

60 Vgl. Ulrich Crämer, Carl August von Weimar und der Deutsche Fürstenbund. 1783-1790. Wiesbaden 1961, S. 29.

61 An Charlotte von Stein, 5. Mai 1780; WA IV 4, S. 215.

62 Vgl. Günter Vogler/Klaus Vetter, Preußen. Von den Anfängen bis zur Reichsgründung. Berlin 1974, S. 122f.

63 Vgl. Crämer, Carl August von Weimar, S. 1ff.

64 Zit. nach: ebenda, S. 48.

65 Carl August an Knebel, 4. April 1787. Zit. nach: ebenda, S. 65.

66 Zit. nach: ebenda, S. 54f.

67 WA IV 6, S. 378 und 382.

68 Carl August an Erthal, 26. Dezember 1787. Zit. nach: Crämer, Carl August von Weimar, S. 83.

69 Vgl. ebenda, S. 86.

70 Carl August an Frau von Coudenhove, 2. April 1788. Zit. nach: ebenda, S. 95.

71 Vgl. u.a.: Jochen Klauß, Nachrichten über Ungarn am Beispiel des »Politischen Journals« 1781 bis 1830. In: Germanistisches Jahrbuch DDR-UVR. 5. Jg., Budapest 1986, S. 111-125.

72 Zit. nach: Crämer, Carl August von Weimar, S. 119.

73 Zit. nach: Hermann Freiherr von Egloffstein, Carl August auf dem Wiener Kongreß. Jena 1915, S. 16.

74 Zit. nach: ebenda, S. 22.

75 Vgl. Crämer, Carl August von Weimar, S. 76.

76 Ebenda, S. 78.

77 Zit. nach: ebenda, S. 60.

78 WA I 1, S. 315.

79 Carl August von Weimar. Ein Leben in Briefen, S. 102ff.

80 Politischer Briefwechsel des Herzogs und Großherzogs Carl August von Weimar. Hrsg. von Willy Andreas. Bearbeitet von

Hans Tümmler. Band 2: Vom Beginn der Revolutionskriege bis in die Rheinbundzeit 1791-1807. Stuttgart 1958, S. 532.

81 WA I 33, S. 17f.
82 WA I 33, S. 68f.
83 WA I 33, S. 74.
84 WA I 33, S. 76.
85 WA I 33, S. 89.
86 WA I 33, S. 96.
87 WA I 33, S. 99.
88 WA I 33, S. 122 und 123.
89 WA I 33, S. 170.
90 WA I 33, S. 179.
91 WA I 33, S. 270f.
92 WA I 33, S. 281.
93 K. Pagel, Stein. Briefe und Schriften. Leipzig 1927, S. 19.
94 WA I 33, S. 328.
95 Vgl. Hermann Freiherr von Egloffstein, Carl August als Landesherr und Fürst. In: Thüringen. Eine Monatsschrift für alte und neue Kultur. 4. Jg. 1928, H. 5, S. 20.
96 Vgl. Karl-Heinz Hahn, Carl August von Sachsen-Weimar. Ein Versuch. In: Impulse. Aufsätze, Quellen, Berichte zur deutschen Klassik und Romantik. Folge 5, Berlin und Weimar 1982, S. 282.
97 Zit. nach: Vogler/Vetter, Preußen, S. 145.
98 Vgl. Georg Bahls, Carl August von Weimar als Soldat. Berlin 1931, S. 118.
99 Vgl. Jochen Klauß, Alltag im › klassischen ‹ Weimar. Weimar 1990, S. 68-72.
100 Vgl. Politischer Briefwechsel des Herzogs und Großherzogs Carl August, Band 3: Von der Rheinbundzeit bis zum Ende der Regierung 1808-1828, Göttingen 1973, S. 10f.
101 Zit. nach: Hermann Freiherr von Egloffstein, Carl August während des Krieges von 1813. Berlin 1913, S. 45.
102 Zit. nach: ebenda, S. 77.
103 Zit. nach: Hermann Freiherr von Egloffstein, Carl August im niederländischen Feldzug 1814. Weimar 1927, S. 34.
104 Briefe des Herzogs Carl August von Sachsen-Weimar an seine Mutter, die Herzogin Anna Amalia, Oktober 1774 bis Januar 1807. Hrsg. von Alfred Bergmann. Jena 1938, S. 94.

105 Briefwechsel des Herzogs/Großherzogs Carl August mit Goethe. Hrsg. von Hans Wahl. Band 2: 1807-1820. Berlin 1916, S. 185.
106 Ebenda, S. 185f.
107 Vgl. WA I 36, S. 226ff.
108 Zit. nach: Paul Meßner, Das Deutsche Nationaltheater Weimar. Ein Abriß seiner Geschichte. Weimar 1985, S. 8 (Tradition und Gegenwart. Weimarer Schriften. Heft 17).
109 Vgl. ebenda, S. 17.
110 Zit. nach: ebenda, S. 18.
111 Zit. nach: ebenda, S. 20.
112 Briefwechsel des Herzogs/Großherzogs Carl August mit Goethe, Band 1: 1775-1806, Berlin 1915, S. 203f.
113 Goethe in Weimar, S. 150.
114 Zit. nach: Meßner, Das Deutsche Nationaltheater Weimar, S. 42.
115 Vgl. Goethe in Weimar, S. 121.
116 Vgl. Wolfgang Hecht, Goethe und die Gründung der Weimarer Gemäldegalerie. In: Goethe-Jahrbuch. Band 102, Weimar 1985, S. 199-214.
117 Vgl. Alma mater Jenensis. Geschichte der Universität Jena. Hrsg. von Siegfried Schmidt in Verbindung mit Ludwig Elm und Günter Steiger. Weimar 1983, S. 128.
118 Schiller an Körner, 29. August 1787. In: Schillers Briefwechsel mit Körner. Band 1, Berlin 1847, S. 170.
119 Vgl. dazu u.a.: Alma mater Jenensis, S. 138ff.
120 Vgl. dazu: ebenda, S. 143f.
121 Vgl. Irmtraut Schmid, Die Oberaufsicht über die naturwissenschaftlichen Institute an der Universität Jena unter Goethes Leitung. In: Impulse. Aufsätze, Quellen, Berichte zur deutschen Klassik und Romantik. Folge 4, Berlin und Weimar 1982, S. 148-187.
122 Vgl. Rosalinde Gothe, Goethe, Carl August und Merck. Zur Frage der Reformansätze im Agrarbereich. In: Goethe-Jahrbuch. Band 100, Weimar 1983, S. 203-218.
123 Vgl. dazu: Karl-Heinz Hahn, »Die Wissenschaft erhält ihren Werth, indem sie nützt.«

Über Goethe und die Anfänge der technisch-wissenschaftlichen Welt. In: Goethe-Jahrbuch. Band 96, Weimar 1979, S. 252.

124 Briefwechsel des Herzogs/Großherzogs Carl August mit Goethe, Band 2, S. 111f.

125 Ebenda, S. 151f.

126 Carl August an Voigt, 4. September 1792. In: A. Diezmann, Aus Weimars Glanzzeit. Ungedruckte Briefe ... Leipzig 1855, S. 59.

127 Zit. nach: Günter Steiger, Aufbruch, Urburschenschaft und Wartburgfest. Leipzig-Jena-Berlin 1967, S. 148ff.

128 Zit. nach: Wolfgang Vulpius, Goethe in Thüringen. Rudolstadt 1955, S. 223.

129 Briefwechsel des Herzogs/Großherzogs Carl August mit Goethe, Band 1, S. 206.

130 Vgl. Literarische Zustände und Zeitgenossen. In Schilderungen aus Karl August Böttigers handschriftlichem Nachlasse. Hrsg. von K. W. Böttiger. Band 1, Leipzig 1838, S. 203f.

131 C. W. Hufeland. Eine Selbstbiografie. Mitgeteilt von Dr. Göschen. Berlin 1863, S. 17.

132 Goethe-Jahrbuch. Band 9, Frankfurt a.M. 1888, S. 11-14.

133 Treffliche Wirkungen, S. 108.

134 Vgl. Schnaken, der Schnurren zweiter Teil. Heitere Geschichten in Thüringer Mundart von August Rabe. Weimar 1904, S. 46f.

135 Johann Peter Eckermann, Gespräche mit Goethe in den letzten Jahren seines Lebens. Berlin und Weimar 1982, S. 602ff. – Zu Carl Augusts Entwicklung bis 1783 vgl.: Willy

Andreas, Carl August von Weimar. Ein Leben mit Goethe. Stuttgart 1953.

136 Schriften der Goethe-Gesellschaft, Band 16, S. 354.

137 WA IV 4, S. 193.

138 Bettina von Arnims sämtliche Werke. Hrsg. mit Benutzung ungedruckten Materials von Waldemar Oehlke. Band 4, Berlin 1921, S. 143f.

139 Vgl. Sigismund, Ein unbehauster Prinz. In: Goethe-Jahrbuch, Band 106, S. 250ff.

140 Zit. nach: ebenda, S. 263.

141 Zit. nach: ebenda, S. 264.

142 Zit. nach: ebenda.

143 Zit. nach: ebenda, S. 266.

144 Zit. nach: ebenda, S. 267.

145 WA IV 6, S. 415ff.

146 Briefwechsel des Herzogs/Großherzogs Carl August mit Goethe, Band 1, S. 268.

147 Ebenda, S. 297.

148 Ebenda, Band 2, S. 253.

149 Ebenda, S. 319.

150 Vgl. dazu: Hahn, Carl August, S. 296.

151 Julius Schwabe, Harmlose Geschichten. Erinnerungen eines alten Weimaraners. Frankfurt a.M. 1890, S. 96f.

152 Goethe-Jahrbuch. Band 97, Weimar 1980, S. 236f.

153 Schwabe, Harmlose Geschichten, S. 97.

154 Albert Pick, Goethe und Carl August in Erfurt 1789. In: Goethe-Jahrbuch. Band 15, Frankfurt a.M. 1894, S. 285.

155 Eckermann, Gespräche mit Goethe, S. 600-605.